coleção fábula

Marcel Cohen

A CENA INTERIOR
fatos

*

Tradução de Samuel Titan Jr.

editora 34

Sumário

Advertência, 7

Maria Cohen, 11
Jacques Cohen, 45
Monique Cohen, 69
Sultana Cohen, 77
Mercado Cohen, 87
Joseph Cohen, 99
Rebecca Chaki, 113
David Salem, 119

Documentos, 125
Agradecimentos, 141

Advertência

> Tentar reconstituir algo daquela ruminação íntima, aquém da linguagem, que ainda possa ser comunicada a outrem.
> GEORGES-ARTHUR GOLDSCHMIDT

Um livro cujo centro fosse a periferia e que não oferecesse nenhum ponto de apoio, seria puro contrassenso escrevê-lo? E por que reunir materiais que não têm nada de exemplar e que não nos ensinam nada, por mais que resumam a obsessão e o trabalho de toda uma vida? Sejam quais forem as respostas de praxe relativas ao testemunho, este livro precisava ser escrito. Foi mesmo imprudente não ter me ocupado dele antes. Em 1980, Denis Roche publicava uma obra cujo título resume a um só tempo o caráter voluntário e incerto desse esforço. O livro intitulava-se *Depósitos de saber...*

As páginas seguintes contêm, com efeito, tudo o que recordo e tudo o que pude saber de meu pai, minha mãe, minha irmã, meus avós paternos, dois tios e uma tia-avó mortos em Auschwitz em 1943 e 1944. A única a voltar foi a esposa de um dos meus tios. Eu tinha cinco anos e meio. Por mais que constituam pequenos sedimentos, os fatos reunidos aqui são lacunares demais para que se possa esboçar um retrato; tentar ligá-los uns aos outros na forma de um relato seria passar à ficção. Ora, uma ficção daria a entender que a ausência e o vazio podem ser expressos. "Os fatos, não os motivos das minhas carências", anotava Alejandra Pizarnik em seus *Diários*.

Assim sendo, este livro é feito de recordações e, em maior medida, de silêncio, de lacunas e de esquecimento. A esperança secreta era que um certo trato com esses *fatos* terminasse por se impor — e em primeiro lugar a mim mesmo —, como se dá sempre que há acumulação, ordenamento, vontade de passar a limpo. Uma única certeza, porém: são sempre a ignorância, a tenuidade e os vazios que tornam imperativo esse esforço. Seria inaceitável acrescentar às monstruosidades passadas a injustiça de sugerir que os materiais eram magros demais, que a personalidade dos mortos era pouco distinta ou — para utilizar uma expressão sofrível, mas que deixará claro o que quero dizer — pouco "original" para justificar um livro. Na cena III da ópera de Richard Wagner sobre *O ouro do Reno*, a fórmula mágica de Alberich, que torna invisível quem a profere, reza assim: "*Seid Nacht und Nebel gleich*" ("Sede como a noite e a bruma"). É bem sabido o uso ulterior que se fez de *Nacht und Nebel*.[1]

Na verdade, o que pude saber sobre minha família resume-se a bem pouco: os testemunhos logo se repetem quando se trata de homens e mulheres que morrem ainda jovens. De resto, muitos sobreviventes só encontraram forças para formar uma família depois de se emparedarem no mutismo. Pressionado por uma das filhas a enfim dizer o que sabia de seus próprios pais, seus irmãos, sua tia, um dos meus tios paternos não pôde mais que romper em soluços. Lívido, os lábios

---

[1]. Em 7 de dezembro de 1941, Adolf Hitler promulgou uma diretiva voltada contra os atos de resistência e sabotagem nos países invadidos: sob o codinome *Nacht und Nebel*, ela autorizava a detenção e a deportação sumária de cidadãos supostamente envolvidos em atos hostis às forças de ocupação alemãs, dispensando estas últimas de todo processo legal, bem como de informar as famílias sobre o paradeiro e o destino dos prisioneiros. Estima-se que mais de cinco mil franceses foram raptados e deportados nessas condições de "noite e névoa" para campos de concentração na Alemanha. [N.T.]

trêmulos, incapaz de articular uma palavra que fosse, ficou tão abalado por essa intimação a que, durante sessenta anos, soubera tão bem se furtar, que os demais se perguntavam se não seria melhor chamar um médico. Sua amnésia era tão perfeita, tornara-se a tal ponto sua verdadeira natureza, que apagara de sua existência trechos inteiros ligados aos mortos. Teria sido desumano tentar arrancar mais do que já contara cem vezes e que já não o consumia. Quando estávamos sozinhos, o máximo a que esse tio se aventurava resumia-se a segurar minha mão entre as suas, desviando os olhos. Eu deduzia que minha presença recordava-lhe tanto meu pai que eu era sinônimo a um só tempo de afeição e de sofrimento.

Mesmo assim, no fim de sua vida, as filhas conseguiram que o pai revelasse algumas migalhas mais. Fizeram-lhe perguntas por escrito. Assim ele se sentiria livre para não responder ou para só fazê-lo na hora certa. Foi assim que, estando ele sozinho no apartamento, alguns pequenos detalhes surgiram sobre a página branca: um endereço, o nome de um vilarejo, os pratos que a mãe preparava, o apelido que os vizinhos davam a seu pai, o título de um jornal que o irmão lia.

Os escritores não conferem um poder desmedido aos pequenos paralelepípedos de papel que se acumulam ao seu redor? Tudo o que parece tão necessário salvaguardar não termina afinal por naufragar no silêncio? Um escritor não aceita a ideia de que essas pequenas estelas, encostadas umas às outras nas bibliotecas, possam perder todo o significado. Basta passar os olhos sobre as lombadas dos livros para compreender que a vontade de encontrar uma forma para o informe continua a se fazer ouvir distintamente, mesmo quando tantos volumes já vão se tornando inaudíveis.

—M.C.

Maria Cohen

Nascida em 9 de outubro de 1915, em Istambul.
Comboio nº 63, 17 de dezembro de 1943.

Em 1939, nos meses que precederam a guerra, Marie foi visitar uma amiga da família no décimo primeiro *arrondissement* de Paris e deu-lhe de presente um copinho para ovos cozidos, feito de madeira pintada, decorado à mão. Em 2009, sabendo que iríamos nos encontrar, a amiga pôs o copinho na bolsa para me dar de presente. Já fazia tempo que não era mais apresentável à mesa, e os filhos e netos dela, que o tinham usado bastante, não tinham razão para lhe dar a menor importância. Trincado e desbotado como um pedaço de madeira gasto, o copinho conserva umas poucas manchas coloridas, das quais é difícil depreender com certeza o que um dia representaram. Quem sabe uma borboleta. No pé, só se reconhece um laço laranja de contornos pretos, como se vê nos ovos de Páscoa russos.

Bem sei que os objetos familiares são sinônimo de cegueira: não reparamos mais neles, e eles terminam por não exprimir mais que a força do hábito. Mas, mesmo de modo apenas episódico, o copinho no armário de louça em mais de uma ocasião suscitou ondas de ternura por Marie. (Ela se fazia chamar Marie, por mais que seu nome oficial fosse Maria.) Tenho para mim que ninguém conserva um objeto tão modesto e tão desgastado durante setenta anos sem boas razões. O medo de vê-lo desaparecer confirma esse apego. Hoje, o copinho já não é apenas a concretização de uma memória. Seria abusivo ver nele o próprio teor dessa memória, sua textura, alguma coisa tão vaga como o reflexo de uma aura?

Um par de luvas de couro fino, de cor creme, e um livro estavam sempre à mão sobre a prateleirinha de vidro colorido que cobria o radiador de calefação junto à porta da frente, no apartamento do bulevar des Batignolles em que morávamos. Na rua, quando necessário, livro e luvas dissimulavam a estrela amarela. Ela devia ser costurada no lado esquerdo do peito. Era por isso que Marie me estendia a mão direita na hora de atravessar a rua. Ela ficava irritadíssima quando, à beira da calçada e por falta de atenção, eu ficava à sua esquerda. Antes de avançar pela faixa de pedestres, ela se via obrigada a passar por trás de mim ou girar todo o corpo para segurar minha mão esquerda. No meio da multidão, a manobra era bastante comprometedora. Quando se reproduzia com muita frequência, o incidente vinha acompanhado de um "tss!" de irritação.[2]

∗

Em todas as idades da vida, encontrei homens e mulheres que conheceram Marie ou em Istambul, antes de sua partida para a França, para onde ela imigrou e onde se casou em 1936, ou mais tarde em Paris. Jamais pronunciaram seu nome sem um pequeno sorriso de ternura, uma emoção sincera, por vezes uma exclamação: "Ah, Marie!". Da mesma maneira, sempre senti nessas pessoas uma simpatia e um interesse imediatos por mim. Eu era o filho de Marie, e isso não era pouca coisa. Criança, depois adolescente, não era raro que me

---

2. O itálico distingue as recordações do menino, reproduzidas tão fielmente quanto possível, como pequenas anamneses, das coisas que o adulto conseguiu descobrir ao azar das confidências, dos encontros, dos anos. A elas se somam algumas raras considerações pessoais, quando pareceram desejáveis ou inevitáveis.

abraçassem com uma mistura de estupor, afeição espontânea e admiração imerecida. Por vezes, desviavam o olhar para esconder uma lágrima. Quando me afastava, eu ouvia um leve rumor às minhas costas: "É o filho de Marie!". Sentia sobre mim certos olhares insistentes e tinha a impressão de que minha presença estragava um pouco a festa, por mais que fosse um acontecimento.

Levei muito tempo para compreender que, em Istambul, muitas moças de sua idade tinham ciúme da beleza, do encanto e da audácia de Marie. Muitos rapazes foram apaixonados por ela. Várias famílias sonhavam em tê-la por nora. A beleza podia explicar o interesse dos rapazes, não o das famílias. Talvez o segredo de Marie, além da beleza, residisse num bom humor, num ímpeto e numa graça contagiantes, aos quais as famílias dos possíveis pretendentes não eram insensíveis.

*

Uma foto me mostra aos quatro ou cinco anos, os cabelos mais para compridos, presos por uma tiara semelhante à das meninas. A cabeleira está ligeiramente bufante, e Marie certamente acabara de me pentear com esmero. Um colarinho redondo, engomado e removível, preso por um broche do qual pendem dois sapatinhos de madeira, alegra a minha blusa azul-marinho. O colarinho, os dois bolsos falsos e a borda das mangas curtas são enfeitadas com um galão em zigue-zague: obra de alguma costureira de bairro, certamente instruída com precisão por Marie.

Lembro-me perfeitamente do colarinho duro machucando o pescoço, bem como de um sentimento de humilhação: eu me sinto disfarçado, constrangido e furioso, pois Marie e o fotógrafo ainda exigem um sorriso. Observando a foto, percebo ainda hoje como meu sorriso é pouco natural. Não tenho nenhuma outra lembrança de usar esse colarinho engomado. Talvez se tratasse de posar para minha primeira foto de identidade, destinada a um documento oficial. Talvez Marie quisesse conservar uma última recordação da minha primeira infância. Seja como for, não há dúvida de que Marie tinha muito prazer em me vestir, que o fazia com cuidado extremo e que cultivava a androginia de uma criança da minha idade ao se recusar a me cortar os cabelos.

∗

Estamos em 1930 ou 1932, em Kadıköy, subúrbio de Istambul na margem asiática do Bósforo, de onde vem a família de Marie. Ela tem quinze ou dezesseis anos. Durante as férias escolares, passa uma tarde em companhia de um pequeno grupo de amigos. Uma foto dessa época mostra-a tocando banjo ao lado de um rapaz que arranha um violão. Muitas moças são, como ela, alunas dos colégios religiosos franceses ou das escolas da Aliança Israelita Universal (ver *Jacques*). Entre os rapazes, muitos são alunos do liceu francês de Galatasaray. Eles adorariam se permitir um sorvete, mas calculam não ter dinheiro suficiente. Alguém propõe que mendiguem, batendo de porta em porta, e todos riem à ideia. Marie decide aceitar o desafio. Encontra um lençol, amarra-o na cintura, dissimula busto e cabelos, imitando a alva e o véu das religiosas, e toca a campainha de um casarão elegante. De longe, o pequeno grupo de amigos observa Marie, que se lança num longo discurso. Ao que parece, ela é muito convincente, mas tão logo o proprietário volta com umas tantas piastras, Marie não consegue mais segurar a gargalhada, arrepanha o lençol e sai em disparada.

Em prol de minha edificação, a única testemunha que eu pude interrogar muitas vezes em Paris jamais deixou de sublinhar o seguinte detalhe da cena: Marie esquecera de limpar o batom claro que usava quando não tinha de ir às aulas. Provavelmente seu primeiro batom. Para a testemunha, esse batom era a prova de que Marie era capaz de conseguir quase tudo que quisesse, de quem quer que fosse.

∗

Uma grande mala de vime, vazia, ficava na sala de jantar do bulevar des Batignolles, imagino que à espera de uma mudança de urgência, que afinal não aconteceu. Eu adorava me esconder dentro da mala. A regra do jogo pedia que Marie e Jacques fizessem de conta que me procuravam. Antes de levantar a tampa, esperavam que eu me traísse, soltando risinhos diante de sua aproximação. Devo ter me escondido nessa mala dezenas de vezes. E dezenas de vezes Marie e Jacques se prestaram ao mesmo pequeno ritual, interpelando-se em alto e bom som pelo pequeno apartamento, perguntando-se onde eu podia estar escondido.

*

Por nada no mundo Marie teria descascado uma cebola, uma chalota ou um dente de alho, segundo me repetiram centenas de vezes na família. Ela dizia que suas mãos conservavam qualquer cheiro por dias a fio. Sempre me recordaram esse detalhe com um leve tom de melindre na voz. Um modo de dizer, sem dizê-lo e sem prejuízo de toda a afeição possível: "Ela era coquete demais para se rebaixar a tarefas tão triviais".

Minhas mãos também retêm certos cheiros até o dia seguinte, a despeito de todos os sabões, e às vezes por mais tempo ainda. Sou, portanto, o único a compreender que o coquetismo de Marie não era tão descabido quanto se pode supor. Pessoas próximas já me fizeram notar que, quando participo do preparo de um prato, muitas vezes chamo-as a testemunhar, no dia seguinte, o cheiro que persiste em meus dedos. E as mesmas pessoas observam que já evoquei dez ou vinte vezes essa particularidade de Marie, como se eu quisesse justificá-la uma e outra vez.

*

Eu me fazia de morto esticando-me no assoalho, os braços em cruz, feito Cristo. Deve ter sido diante de um crucifixo que ouvi pela *primeira vez alguém pronunciar a palavra "morte". Seja como for, eu achava que só se morria com os braços em cruz.* Ouvia Marie andar de um lado para outro no apartamento, ouvia os passos de Jacques e o estalar do assoalho sob seu peso. Por mais que eu fechasse os olhos, eles não pareciam nem de longe inquietos. Diante de tal acumulação de evidências, como podiam adivinhar que eu não estava morto? Por muito tempo, esse foi um grande mistério.*

*

A memória dos perfumes aloja-se na parte mais arcaica do cérebro, a que conservamos em comum com os nossos remotos antepassados anfíbios. Somos supostamente capazes de distinguir até três mil odores. Um bebê em lágrimas acalma-se assim que reconhece o cheiro do pescoço da mãe que o pega no colo. Nos braços de qualquer outra pessoa, continua a chorar. Nas maternidades, e nas semanas logo após o parto, desaconselha-se às jovens mães que usem perfumes intensos demais. Essa memória dos perfumes, segundo se diz, não se perde nunca e não dá lugar à menor confusão.

O perfume que Marie usava está, portanto, tão bem ancorado em mim que eu o reconheço em qualquer mulher, e isso desde a minha infância. Mesmo sem ter um nome, nada é capaz de erradicá-lo. Sem o ponto de apoio que representariam uma marca, a forma de um frasco, uma etiqueta, uma tampa, esse perfume é largamente imaginário; sem o menor elemento de prova material, não tem sequer a força de uma convicção íntima. Ainda assim, não me atrevo a imaginar o quanto esse perfume terá influenciado, sem que eu me desse conta, as minhas relações com as mulheres.

*

Cheiro inebriante, cada vez que Marie abria sua bolsa: mistura de pó de arroz, perfume, batom. No armário, o couro da bolsinha preta reservada para os trajes formais (e que eu reconheço bem em várias fotos) ficava fortemente impregnado por esse cheiro compósito. A bolsinha era bem mais misteriosa que a bolsa do dia a dia, uma vez que, nela, o cheiro parecia sobreviver indefinidamente a todos os seus componentes. Lembrança de muitas vezes ter enfiado o rosto na bolsa vazia com a sensação de penetrar no coração de um mistério.

Ainda hoje, nos mercados de pulgas, eu me pilho abrindo bolsas velhas, como se persistisse ali o indício de uma presença. Se já não mergulho o nariz, ainda abro velhas caixinhas de pó de arroz, mesmo vazias. Espanta-me que tudo o que elas evocam continue tão evidente e tão simples, sem que ninguém na multidão lhes dê a menor atenção. Todo mundo sabe, todavia, que o cheiro do pó de arroz não muda há pelo menos um século, talvez há bem mais tempo.

*

Nasci, como Marie, num 9 de outubro.

*

Na esquina da rua de Lévis e do bulevar des Batignolles, um vendedor de artigos de montaria expunha na vitrine um cavalo embalsamado. O animal estava selado e arreado. Levava também manta, antolhos, perneiras e protetores de orelha. Esse acúmulo de acessórios tornava o cavalo aterrorizante.

No bulevar de Clichy, a fachada do cabaré L'Enfer representava uma carantonha de diabo, com direito a chifres, olhos esbugalhados e caninos afiados. De dia, a bocarra que servia de entrada ficava fechada por uma porta de aço. O fato de essa porta estar sempre fechada quando passávamos por ali não diminuía em nada a ameaça que pairava sobre todo o bairro.

Lembrança muito nítida da mão de Marie que, nessas paragens perigosas, me puxava para mais perto sempre que eu, já temeroso, tentava andar mais devagar, ou que, ao contrário, me retinha quando eu apressava o passo, querendo me distanciar o mais rápido possível da ameaça. Nesses casos, também era frequente um breve "tss!" de irritação.

*

Seis fotos:
a) Marie, jovem imigrante a caminho de Marselha, a bordo do vapor francês *Patria*. Em 5 de abril de 1936, durante uma escala no porto de Pireu, ela manda um cartão-postal em francês para seu pai, Albert Salem, residente no número 23, Yeldemen Sokak, no subúrbio de Kadıköy. Marie anuncia: "Fizemos um passeio de carro, foi maravilhoso". No mesmo dia, ela envia à irmã mais velha, Fanny, e à caçula, Victoire, uma foto tirada no convés de proa do vapor. Marie posa junto ao cordame, usando um longo vestido preto, estampado com motivos brancos. A gola, assim como a borda das mangas e do vestido, também tem detalhes em branco. Marie usa um cinto largo de couro preto e botinas de salto alto. Está sorrindo e, a fim de parecer mais natural, olha para o mar aberto. No verso da foto, ela anota para as irmãs: "Não façam caso, a foto não ficou boa".

b) Marie dá o braço para Jacques na Promenade des Anglais, durante a viagem de núpcias a Nice, em dezembro do mesmo ano: longo casaco preto, forrado com pele de raposa cinza. Gola ampla, também em raposa cinza. Escarpins pretos de salto alto. Bolsinha de couro preto embaixo do braço. À cabeça, um chapeuzinho tirolês, levemente inclinado, arrematado por uma pluma em ângulo reto. Marie sorri para o fotógrafo. Seus trajes sempre me fizeram pensar nos concursos de elegância automobilística que se viam nos cinemas, ao fim dos noticiários. Na minha lembrança, essas sequências eram sempre filmadas na Promenade des Anglais ou, em Paris, no parque de Bagatelle.

c) Marie na companhia de Jacques e de seu cunhado Joseph, no parque Monceau, em Paris: casaco preto comprido, aberto, deixando ver por baixo um tecido estampado, com motivos em branco. Lapelas largas e pontudas em cetim preto. Mangas curtas. Colar de grandes pérolas falsas. Numa das mãos, a mesma bolsinha de couro preto (na qual eu mergulhava o rosto). E luvas brancas, compridas. Todo mundo parece posar. Marie abaixa a cabeça, talvez querendo parecer menos solene, e olha direto para o fotógrafo, como em Nice.

d) Marie me segurando nos braços: vestido escuro, de mangas curtas e colarinho branco. A borda das mangas é ornada com um debrum da mesma cor. Grandes botões brancos, apenas para enfeite. À lupa, os botões parecem representar uma coroa real. Na cintura, um cinto decorativo largo, de metal prateado. Sorriso aberto, mas um pouco forçado, como se a sessão de fotos já tivesse durado demais.

e) Marie no parque Monceau, em companhia de Jacques: ela usa o mesmo casaco de pele de raposa que se vê na foto tirada em Nice, mas agora aberto, com um vestido de lã cinza, um tanto austero, por baixo. O vestido fica um pouco mais alegre graças ao franzido abaixo dos joelhos e ao grosso colar de pérolas falsas com um pingente. Cinto preto em cotelê, com duas fivelas de metal prateado. À cabeça, um gorro no mesmo cinza do vestido, ornado à frente por uma faixa de *strass*. Às mãos, bolsa e luvas pretas. O veuzinho abaixado cobre metade do rosto.

f) Foto em grupo, tirada no campo, em que eu também apareço. Todo mundo exibe o mesmo sorriso convencional e faz o que pode para ficar imóvel diante da câmera, ao mesmo tempo que tenta parecer tão natural quanto possível. Marie, por sua vez, está gargalhando, de boca bem aberta, sem o menor constrangimento. Numa segunda foto, tirada no mesmo lugar, com alguns minutos de intervalo, os personagens trocaram de lugar. Um deles sumiu, provavelmente para substituir o fotógrafo. Um outro surge no enquadramento. Os figurantes tiveram tempo de refazer o mesmo sorriso forçado, mas agora Marie já não ri mais. É a única a nem sequer esboçar um sorriso. A testa parece franzida. Está de cabeça baixa, a boca crispada. Os olhos miram o chão. Marie está com a cabeça em outro lugar, distraída, talvez um pouco triste, como uma criança que se entedia.

*

Quando cruzávamos a praça Clichy, nunca passávamos diante da brasserie *Wepler. Dia ou noite, o salão e o terraço eram ocupados por dezenas de soldados alemães uniformizados, uma vez que o estabelecimento fora requisitado para a tropa. Não temíamos nada, pois aqueles homens não estavam em serviço. Ainda assim, judeus e mulheres sozinhas expunham-se às tiradas e aos assovios dos clientes desocupados.*

Ao escrever o nome "Wepler", eu me dou conta de que, sem nenhuma premeditação, continuo a tomar a calçada oposta da praça Clichy, pouco importa para onde eu vá ou de onde eu venha. Do mesmo modo, só entrei uma vez na Wepler. Um escritor americano, instalado por perto, marcara um encontro ali. Lembro muito bem de, ao telefone, ter pensado em propor outro lugar, de acesso necessariamente mais difícil para ele, até me dar conta do ridículo da ideia.

*

Os cabelos de Marie formavam uma mecha saliente na têmpora direita. Curiosamente, as fotos mostram a mesma mecha tanto no meu avô paterno como no meu pai. Naturalmente, herdei essa mesma mecha, no mesmo lugar. Ela desapareceu um pouco depois dos meus trinta anos, quando surgiram os primeiros sinais de calvície, e me incomodou durante toda a minha adolescência, assim como sempre irritou meu pai. Ele lançou mão de todos os subterfúgios para dominá-la, inclusive os mais ridículos (ver *Jacques*). Quanto a mim, nos anos de colégio, eu colava a mecha rebelde com sabão.

*

Perderam-se as razões da minha cólera, mas eu me revejo com nitidez, nu e sentado na banheira, sob a ducha fria que Marie me aplicou nesse dia. Relembro toda a força dos meus berros, a sensação de sufocamento sob o jato d'água. Ouço os gritos raivosos de Marie, sua voz aguda levada ao paroxismo, enquanto ela me mantém sentado no fundo da banheira e tenta se fazer ouvir, me trazer à razão. Sinto de novo todo o peso de seus braços nus sobre meus ombros, enquanto eu me debato. Revejo seu vestido cinza, leve (é verão), todo respingado pela água que eu jogo com as duas mãos, tomado de fúria.

Se chegamos a tais extremos, é claro que a luta terá sido de uma violência homérica. É possível até que eu tenha batido em Marie. Por fim, pasmos e vencidos, choramos por muito tempo na salinha de jantar do bulevar des Batignolles, cada qual no seu canto: impotência de uma jovem mãe que, sob vários aspectos, não deixara de ser uma criança mimada, desamparada diante de um filho colérico, ele mesmo mimado além da conta, e envergonhada por ter se deixado levar tão longe; soluços e últimas lágrimas de um menino exasperado, que pena para retomar o fôlego e se sente vencido, humilhado e traído. Guardei a lembrança de duas solidões estanques enquanto chorávamos ali, de alguma coisa que não podia ser reparada. Lembrança também das feições graves e fechadas de Jacques nessa noite. Talvez tenha sido essa gravidade insólita que terminou de dar toda a medida do acontecido.

*

Minha avó materna jamais perdeu uma ocasião de me fazer notar que tínhamos uma pinta igual no ombro esquerdo: mesmo tamanho, mesma cor de café torrado, mesma consistência granulosa. Ela acrescentava que Marie também tinha essa mesma pinta no mesmo lugar, que sempre a fascinara. Portanto, Marie deve ter ficado maravilhada ao reencontrá-la no corpo de seu filho. Quando me via de torso nu, minha avó apontava com o dedo para a pinta e dizia: "É a marca da fábrica".

*

Nos dias em que Marie não usava a estrela amarela, meu maior prazer, quando tomávamos a linha de metrô Dauphine-Nation e passávamos por Barbès, consistia em ficar em pé, no primeiro vagão, ao lado do condutor do trem. Uma pequena vidraça dava para a cabine de comando e oferecia uma visão dos trilhos à frente. Quando estávamos a ponto de entrar no trecho elevado, eu espiava o quadrado luminoso que crescia diante de nós. Depois vinha sempre a decepção do buraco negro em que logo nos precipitaríamos.

Marie ficava atrás de mim e também espiava com muita curiosidade. O espetáculo parecia "roubado", triplamente "roubado": como judeus, não devíamos jamais viajar no primeiro vagão; e éramos os únicos, além do maquinista, a nos beneficiar de uma vista tão privilegiada. A terceira razão era mais perturbadora: o próprio condutor não se dava conta de nossa presença ilegal. O boné cinza, o apito (para chamar os passageiros de volta à ordem), os dois botões (um verde, outro vermelho) que comandavam a abertura e o fechamento das portas, tudo lhe conferia uma autoridade inegável.

Nos dias com a estrela, embarcávamos no último vagão, reservado aos judeus. Como eu via Marie ora com, ora sem a estrela, ser arrastado para o último vagão parecia uma punição da parte dela. Marie sabia muito bem disso, tanto que se antecipava à contestação e apertava minha mão com firmeza enquanto nos dirigíamos à traseira do trem.

*

Meus avós maternos tiveram quatro filhos e três filhas. Além de Marie, também o caçula, David (ver *David*), morreu na deportação. Meus avós me repetiram centenas de vezes que nada nem ninguém conseguia resistir a Marie. Quando eu tentava saber mais, os epítetos eram sempre os mesmos e não me diziam grande coisa: "engraçada", "bonita", "afetuosa", "inteligente".

Além desse ponto, meus avós logo ficavam à beira das lágrimas. Quando eu tentava fazer mais perguntas, minha obstinação passava por falta de tato: eu não respeitava sua dor. O rosto de ambos se fechava rapidamente: "Não insista, eu suplico!". Quando julgava estar me aproximando de Marie, eu afinal descobria uma imagem embaçada pelas lágrimas. Adolescente, quanto mais claramente eu me sentia repreendido por minha curiosidade, mais zangado eu ficava com esse mutismo. Era como se Marie tivesse continuado a ser a filha de seus pais e nunca tivesse se tornado a mãe de seu próprio filho. Talvez eu tivesse conseguido saber mais se tivesse sabido usar de mais paciência ou talvez de psicologia. Foi, portanto, fora da família que pude recolher as raríssimas anedotas que retiram Marie do lugar-comum e das generalidades, inclusive no que diz respeito a suas relações com os pais.

*

O relógio que se vê em seu pulso em várias fotos é o melhor exemplo do modo como Marie subjugava uns e outros. Mocinha ainda, ela ganhou do pai um precioso relógio de ouro branco, cravejado de brilhantes, uma joia que meu avô materno, modesto funcionário da alfândega no porto de Istambul, jamais tivera como dar à esposa.

Marie sempre chamava o pai pelo diminutivo ladino de *Papiko* (papaizinho), o que demonstra toda a sua ascendência sobre um homem austero, rígido, intratável em muitos aspectos; além disso, como tinha que dar de comer a nove pessoas apenas com seu salário, era muito sovina. Mas seus filhos nunca passaram necessidade e sempre frequentaram as melhores escolas de Istambul, todas elas privadas.

Permanece o mistério do relógio de pulso. Talvez só Marie soubesse alegrar a vida um tanto aborrecida do pai, enquanto seus irmãos e suas irmãs temiam-no demais para se permitir a menor fantasia em casa. Todos se queriam bem na família de Marie, mas é bem provável que se entediassem à beça. Compreende-se o ciúme, jamais declarado, sempre insinuado, de seus seis irmãos e irmãs. Victoire, a irmã mais moça e a caçula dos sete, nunca escondeu — e ainda hoje repete — que sempre sofreu por ter de usar os vestidos que Marie não queria mais.

*

Lembrança das meias brancas e compridas cujos elásticos deixavam marcas doloridas logo abaixo dos joelhos. Onde quer que fosse, eu sempre invejava as crianças que usavam meias curtas. Marie só as tolerava para brincar na praça ou passear no campo. Quando os elásticos originais ficavam frouxos — e na impossibilidade de comprar meias novas —, Marie evitava que uma "sanfona" feiosa se formasse, puxando e enrolando as meias por cima de elásticos de potes de geleia. Mais apertado que o original, esse elástico deixava um sulco violáceo, ainda mais fundo e doloroso. Os elásticos eram tão raros quanto as meias novas, e não impediam que as velhas se franzissem. Era preciso tomar muito cuidado para não perder os preciosos elásticos.

Lembrança de Marie abaixando-se incansavelmente, quando andávamos pela rua, para puxar minhas meias e ajustar a dobra por cima do elástico. Se havia um banco público por perto, eu tinha de subir e facilitar a tarefa. Do mesmo modo, não entrávamos em nenhum lugar sem que antes Marie verificasse a maquiagem no espelhinho do estojo de pó de arroz e, por último, puxasse minhas meias.

*

Quando se casa com Jacques, em 1936, Marie troca a condição de princesinha na casa dos pais, em Istambul, pela de princesinha em Paris, na casa dos sogros, que de pronto a adotam e têm adoração por ela. Os três irmãos de Jacques, todos solteiros à época, também logo sucumbiram ao encanto da cunhada. Nas fotos, pode-se vê-los dando carinhosamente o braço a Marie ou mesmo segurando-a pelos ombros, como se fosse uma irmã menor.

Os irmãos Cohen viveram na casa dos pais enquanto foram solteiros. Nessa época, a única mulher jovem na família é Annette, a criada que ajuda a cuidar da casa (ver *Mercado*). O casal Cohen trata-a também como filha, e os quatro irmãos não viajam nunca sem trazer uma lembrancinha para os pais e outra para Annette.

Uma grande cumplicidade surge entre Annette e Marie tão logo esta ingressa na família Cohen. As duas mulheres têm praticamente a mesma idade e adoram cozinhar juntas. A lenda familiar conta que as duas riam tão alto enquanto se atarefavam na cozinha que, um após o outro, os irmãos Cohen deixavam os pais para espiar o que acontecia — até que os pais, por sua vez, não vendo ninguém voltar, levantavam-se para ir espiar também.

*

Lembrança da época em que Marie só permitia que eu usasse o carrinho de bebê numa parte do trajeto entre o parque Monceau e o apartamento do bulevar des Batignolles, perto da praça Clichy. Eu caminhava ao lado do carrinho, segurando a armação de aço. Quando íamos ao parque, e uma vez que os jardins públicos eram proibidos aos cães e aos judeus, Marie não usava a estrela, arriscando-se a cair nas mãos de um controle de documentos que nos teria levado direto à delegacia, com todos os perigos decorrentes. (As crianças eram obrigadas a usar a estrela a partir de seis anos, e eu ainda não tinha essa idade.)

No parque Monceau, eu tinha a impressão de ser invisível, pois, ao contrário dos dias com estrela, podíamos entrar e nos sentar ao lado de qualquer pessoa, em qualquer lugar, em completa impunidade. Na volta do parque, eu resmungava e arrastava os pés durante boa parte do caminho, até que pudesse sentar no carrinho.

*

Durante toda a vida, nas poucas vezes em que me aventurei a pé por esses lados, sempre tive a impressão de uma distância considerável entre o parque Monceau e a praça Clichy. Porém, a distância é bem menor que a de vários itinerários parisienses que costumo fazer. Tudo se passa como se, nesse bairro em que todas as minhas lembranças remetem à primeira infância, a memória estivesse sempre um passo à frente da realidade. Será possível que a lembrança das pernas pesadas da criança em fase de crescimento, a lembrança dos tornozelos enrijecidos que a obrigam a arrastar os pés depois de tanto correr pelas aleias do parque, será possível que tais lembranças mantenham-se vívidas por uma vida inteira? Será possível que, na suposição de que a memória não perca nunca seus marcos, não nos livremos jamais desse cansaço?

*

Saindo do parque Monceau, Marie me erguia e me punha sobre o beiral da rotunda desenhada por Nicolas Ledoux. Eu andava tão reto quanto possível, sem me segurar à grade, todo cheio de mim, assim que Marie me soltava a mão.

Sempre que passo pela entrada do parque, não deixo de medir com os olhos a altura do beiral: pouco mais alto que um banquinho de cozinha. Contudo, basta que me afaste para que a visão que eu tinha quando criança ressurja, e, com ela, a velha tentação de me segurar à grade. Quando me acontece de cruzar o parque Monceau, as coisas que acabo de ver se apagam com uma rapidez desconcertante, exceção feita à falsa ruína antiga e ao laguinho onde eu ficava observando os patos. Talvez porque fosse ali que Marie e eu ficássemos com mais frequência. Em todo caso, é o único lugar do parque em que a ideia de me sentar por um instante me passaria pela cabeça. Mesmo assim, nunca chego a fazê-lo: nas raras vezes em que o fiz, foi apenas para verificar o quanto minhas lembranças seguem intactas. Não há, portanto, nada a verificar, muito menos a aprender, e rapidamente a sensação de uma solidão estéril me expulsa dali.

*

Nos corredores e nas saídas do metrô, era frequente que soldados alemães se postassem no começo e no fim dos lances de escadas. Olhando de baixo para cima, a primeira coisa que víamos eram suas botas. Muitas vezes, sua presença retardava o fluxo de passageiros. Não é difícil deduzir (hoje) que se tratava de um controle de documentos. Outras vezes, a multidão avançava quase normalmente; nesses casos, provavelmente a Gestapo já tinha uma descrição física da pessoa procurada. Quase sempre havia um homem à paisana, chapéu de feltro à cabeça, parado no meio do turbilhão de gente. Quando estávamos entre os últimos a deixar a plataforma (o que era frequente, quando viajávamos no último vagão), não era raro que alguém desse meia-volta e se pusesse a fugir pelos corredores. À visão das botas, a mão de Marie apertava a minha. (Hoje sei que quem usava a estrela era detido em casa ou na rua, quase sempre por grandes destacamentos de policiais, e nunca pelos próprios alemães.) Talvez Marie quisesse me dar a entender que eu não devia olhar para trás. No alto da escadaria, os uniformes tinham algo de excitante: era como roçar a jaula dos leões. Esses uniformes tinham um cheiro específico. Só volto a senti-lo quando abro os pacotes do biscoito que, na Alemanha, é chamado de Knäckebrot.

*

Assim como as crianças não usavam a estrela amarela antes dos seis anos, a polícia francesa não entregava aos alemães os recém-nascidos com menos de seis meses. Por isso, depois de sua detenção, em 14 de agosto, Marie foi internada no hospital Rothschild, onde devia esperar até que minha irmã Monique (ver *Monique*), que então tinha três meses, chegasse à idade regulamentar para a viagem rumo a Auschwitz, via Drancy.

Sob a quádrupla vigilância das enfermeiras, da gendarmeria francesa à entrada, dos inspetores à paisana e da Gestapo, as jovens mães e seus bebês de peito empilhavam-se num salão superpovoado às vésperas da partida. A promiscuidade, as condições de higiene execráveis, a falta de produtos de primeira necessidade, o choro dos bebês, a parca alimentação, as fraldas secando ao pé dos leitos, a angústia, a falta de sol, tudo transformava a detenção em pesadelo.

*

Um dos meus tios maternos, com uma audácia que ninguém teria adivinhado antes, explorou todas as maneiras de tirar Marie e Monique do hospital-prisão, chegando mesmo a penetrar ali à noite, por uma porta de serviço, após ter subornado uma enfermeira. As chances de êxito eram nulas. Meu tio teve então a ideia de recrutar algum vigarista de Pigalle: o sujeito teria mais sangue-frio e saberia tirar melhor partido das falhas da vigilância.

Meu tio foi a um bar, onde encontrou um homem que aceitou a missão. Ele se dizia perfeitamente capaz de sair de braço dado a Marie, no fim da hora da visita. Exigia pagamento adiantado e mandou que providenciassem um traje de passeio para Marie, que ela ocultaria sob o colchão. Ela teria que ir se trocar no banheiro quando ele ordenasse. O sujeito, por sua vez, estaria munido de um frasco de clorofórmio, de algodão e de um saco para esconder o bebê sob a roupa suja. Marie só teria que lhe dar o braço e olhar para a frente ao passar pelos controles. Os papéis do desconhecido estavam em ordem, ele poderia mostrá-los sem medo. Uma vez na calçada, daria a tarefa por cumprida e sumiria.

À hora combinada, o homem estava junto ao leito. Com os nervos em frangalhos, morta de angústia por conta de Jacques, que fora detido junto com ela e deixara Drancy em 2 de setembro, rumo a Auschwitz (falava-se à época em "deportação para o Leste"), Marie amedrontou-se. Temia também por alguma represália contra mim, uma vez que eu escapara à batida policial de 14 de agosto e constava entre as "pessoas procuradas". Sentada à beira da cama, ficou prostrada, em lágrimas, incapaz do ímpeto de energia que lhe pediam. O homem de Pigalle teve que desistir e devolveu o dinheiro a meu tio, que o esperava na esquina. O desconhecido dizia-se pronto a recomeçar, caso conseguissem convencer Marie. A ocasião não voltou a se apresentar.

*

A propósito da incapacidade de Marie de tomar uma decisão naquele dia, uma prima tem uma hipótese que é quase uma certeza. Um pouco mais velha que eu, tinha ido com a mãe fazer uma visita a Marie nos dias que precederam a tentativa infrutífera do sujeito de Pigalle. Marie explicou que uma vizinha de leito teria percebido, a partir de detalhes ínfimos, que estavam preparando uma fuga. A vizinha teria até contado um pesadelo que tivera a respeito; no sonho, a Gestapo tomava medidas de represália após a fuga. Desde então, a vizinha vigiava Marie, que se sabia observada. Talvez as enfermeiras tivessem sido alertadas. As jovens mães sabiam muito bem o que significava a palavra "represália" quando aplicada a seus familiares e a seus filhos. Havia antecedentes de evasões bem-sucedidas do hospital Rothschild.

*

Estou sentado no leito de Marie no hospital Rothschild. Ela chora, me beija e então enxuga com um lencinho suas lágrimas, que escorrem pelo meu rosto. O lencinho não é mais que uma bolinha de tecido úmido que ela vira e revira entre as mãos. Assim que ela me enxuga, eu passo o antebraço sobre o rosto, para me secar de verdade. É por isso que temo os beijos de Marie. Ela também me parece feia. Seus cabelos ficaram grisalhos em poucos dias. Há uma grande mecha quase branca no meio da cabeça. Ela se queixa que mechas inteiras caem quando se penteia. Marie e meu tio me explicam que estão tratando dos cabelos dela no hospital e que ela voltará para casa assim que estiver curada. Quando meu tio tenta lhe dar um beijo, Marie rechaça-o e esconde o rosto entre as mãos. Quanto mais ele tenta lhe dar um beijo, mais ela chora. Às vezes, eu a faço rir, mas não sei por quê, e logo depois ela torna a esconder o rosto. Não entendo por que ela não está feliz de nos ver. No salão, há várias outras mulheres que choram como Marie. Faz muito calor. O fedor de urina sobe à garganta. Todo mundo fala alto para cobrir o choro dos bebês. Os visitantes apinham-se na aleia exígua que separa os leitos. Volta e meia, as pessoas que visitam uma das vizinhas pedem para se sentar à beira do leito de Marie. Não gosto de ver estranhos sentados em sua cama. Marie tem medo da enfermeira-chefe e nos alerta sempre que ela aparece no salão. A enfermeira-chefe tem o busto volumoso e galões na touca branca. Postada à entrada do salão, é ela que bate palmas para anunciar o fim da visita.

*

Não se sabe como meu tio Joseph (ver *Joseph*), internado em Drancy desde 14 de agosto, ficou sabendo que meus tios em liberdade corriam perigo ao me levar até Marie no hospital Rothschild. Mas não há dúvida de que ele terá encontrado homens e mulheres (talvez mesmo crianças) detidos à saída do hospital e conduzidos ao campo de prisioneiros.

Tendo a exata medida do que havia de suicida naquelas visitas, Joseph exortou Marie a pôr fim a elas imediatamente. "Quero que você compreenda o perigo que correm todos que vão visitá-la", escreveu ele numa mensagem rabiscada com um lápis gasto, em 1º de setembro de 1943, véspera de sua própria partida rumo a Auschwitz. Joseph conseguiu que esse bilhete chegasse a Marie remetendo-o a um tio paterno, provavelmente com o endereço de um vizinho. Em Drancy, ao redor do campo, homens e mulheres de boa vontade recolhiam as mensagens jogadas por cima do arame farpado, metiam-nas em envelopes, copiavam o destinatário, colavam um selo e as levavam ao correio.

Em sua carta, Joseph acrescentou: "Isso vale tanto para o nosso priminho como para seus tios". Como a mensagem podia ser interceptada, Joseph não quer correr o risco de escrever nem meu prenome, nem palavras como "filho" e "sobrinho". "Primo" parece-lhe mais vago, e Marie entenderá. Jacques, que está em Drancy, ao lado de Joseph, enquanto este redige essa carta de alerta, acrescenta um *post scriptum* à esposa. Por mais que saiba o que isso significa, também ele exige de Marie "o sacrifício das visitas".

Nas ruas próximas ao hospital Rothschild, ao fim da hora de visita, policiais à paisana detinham pessoas, talvez após denúncias das enfermeiras. Havia detenções também nas cercanias do metrô Picpus, a estação mais próxima do hospital. É provavelmente por essa razão que sempre íamos e voltávamos, meus tios e eu, pela estação Bel-Air.

A advertência de Joseph foi levada muito a sério por Marie e pelos meus tios. Nem por isso era concebível romper todo o laço com ela. Na impossibilidade de subir para vê-la no salão, nós nos contentamos, daí em diante, com trocar sinais a partir da calçada, enquanto ela se posicionava atrás de uma janela do salão. A mensagem de Joseph teve outro efeito imediato: apavorada, Marie exigiu que meus tios me cortassem o cabelo, tão rápido quanto possível. Como já tinham me visto muitas vezes no salão, ela pensava que, assim, eu seria menos reconhecível na rua. Meus tios me levaram a um barbeiro e fizeram chegar a Marie uma mecha dos meus cabelos compridos.

*

Meu tio e eu estamos na calçada oposta ao hospital e acenamos para Marie. Ela está em pé, atrás de uma janela fechada, a segunda janela a contar da esquerda, no segundo andar. Meu tio articula as palavras, sem pronunciá-las, mas de vez em quando não consegue se impedir de dizê-las em voz baixa. Eu também remexo os lábios, fazendo de conta que digo alguma coisa, pois parece ser isso que esperam de mim, mas não tenho nada para dizer. Meu tio faz gestos, de comer ou de dormir, por exemplo. Ela mexe os lábios e responde com outros gestos. Mas não é a mim que esses gestos se dirigem. Marie continua apertando o lencinho úmido e enrolado nas mãos e não para de enxugar o nariz e o rosto. De tanto em tanto, meu tio me diz que acene com a mão. Não entendo por que Marie está tão triste de nos ver. Acho que ela está triste porque seus cabelos ainda não sararam. Sempre trazemos um saquinho de papel com um pouco de comida. Na hora da visita, meu tio aborda desconhecidos na calçada. Pouco depois, Marie brande o saquinho diante da janela do salão, para nos provar que lhe entregaram tudo.

*

No salão do hospital, teria sido ilusório tentar ler alguma coisa para se distrair. É de se perguntar que respostas os livros poderiam dar àquelas mulheres arrancadas ao marido e à família, minadas pela angústia. Como as outras detentas, Marie passava a maior parte do tempo às voltas com sua filha (ver *Monique*), trocando roupas, lavando fraldas com água fria nos lavabos comuns, dando de comer, tentando fazê-la dormir.

    A certa altura, uma sobrinha-neta, cujo nome de família não tinha nada de judeu, foi visitar Marie no hospital. Tinha treze anos e usava um pulôver tricotado por Marie dois ou três anos antes. Marie notou que o pulôver estava muito curto para uma mocinha em pleno crescimento. Não tinha usado toda a lã e insistiu para que a trouxessem, assim como as agulhas de tricô. Tratou imediatamente de alongar as mangas e abaixar a cintura.

    —Guardei esse pulôver cor de ferrugem durante anos, como uma relíquia—explica a sobrinha-neta.—Ainda hoje me pergunto onde foi parar.

*

Em 16 de dezembro de 1943, Marie escreve ao irmão Emmanuel e à cunhada Lily do campo de Drancy, para onde foi transferida dias antes. Acabam de lhe dizer que, junto com a filha Monique, fará parte do comboio que deixará o campo na manhã seguinte, "sabe-se lá para onde". Em Drancy, Marie convenceu-se de uma coisa: seja qual for o destino, de lá não se volta. Escreve agora "pela última vez, que tristeza!": são suas palavras. A carta é redigida a lápis num papel quadriculado, arrancado de um caderno escolar. É datada da "manhã de quinta-feira". Por prudência, o endereço indicado sob a assinatura é o de Henriette, irmã de Lily, sua cunhada. Henriette não tem sobrenome judeu. Portanto, a carta não põe ninguém em perigo. Como tantas outras, essa mensagem será jogada por cima dos arames farpados do campo e postada por um desconhecido.

    Guardada na carteira do meu tio por anos a fio, a carta foi relida tantas vezes que as dobras terminaram por cortar a página em quatro retângulos idênticos. Fragmentos de frases desapareceram ou ficaram ilegíveis. Do mesmo modo, as lágrimas apagaram algumas palavras e até, aqui e ali, o quadriculado do papel. Por isso, Marie teve de reescrever certas passagens. Nesses lugares, o papel é mais branco, os traços de grafite, mais pálidos, e a letra, mais fina. Fiz a experiência com outras folhas de papel quadriculado: seja qual for sua qualidade, basta umedecê-lo com um dedo impregnado de saliva para que o quadriculado desapareça. Constatei também que, num papel umedecido, os traços de lápis são necessariamente mais finos e mais pálidos, seja qual for o estado do grafite.

Nessa última carta, Marie fala sobretudo de Monique e de seu filho, a propósito do qual ela se pergunta se algum dia ele "tornará a ver seus pais". Não quer inquietar os destinatários além da conta, por isso termina a frase com um ponto de interrogação. Quando chega a hora de concluir, é a palavra "adeus" que lhe vem à mente. Etimologicamente, é a única palavra que convém, e Marie não tem forças para buscar um sinônimo ou uma construção que a mitigue. Ao lado de sua própria assinatura, Marie assina também pela filha Monique. Por então, esta última tem sete meses e dois dias. O nome de Monique é caligrafado em letras menores e mal ocupa um terço do espaço ocupado pelo nome da mãe.

*

Em 23 de maio de 1996, tendo me decidido, apesar de muitas reticências, a assistir ao descerramento de uma placa em memória das jovens mães e dos bebês de peito internados no hospital Rothschild, saí de casa com muita antecedência. Estava determinado a pôr à prova minhas recordações de infância e a não consultar nenhum mapa. Adulto, voltara apenas duas ou três vezes ao hospital, e sempre de carro. Não conheço bem o bairro. Era bem capaz de vagar por um bom tempo.

Cheguei ao hospital com uma facilidade desconcertante, tomando, sem hesitar, a saída certa do metrô Bel-Air, antes de virar imediatamente à direita. Nenhuma placa indica o hospital, mas a lembrança do trecho do metrô elevado, que é preciso margear antes de virar à direita numa esquina, servia de referência bastante segura. Quantas vezes fiz esse trajeto com meus tios? Não tenho como saber, mas o fato é que me bastaram; a não ser que o acaso, nesse dia, tenha sabido conduzir as coisas. De um modo ou de outro, cheguei bem antes da hora prevista para a cerimônia, com um verso do poeta George Oppen na cabeça: "Envelhecer, que estranha aventura para um menino".

Alguns minutos antes do começo da cerimônia, deu-se um incidente que eu não previra. No segundo andar, duas enfermeiras escancararam a grande janela atrás da qual ficava Marie. Que essa janela tenha ficado fechada por tanto tempo, ao menos em minhas lembranças, e que ela pudesse se abrir com tanta facilidade não equivalia simplesmente a um abalo sísmico: o rangido dos dois batentes contra o marco, o chiado do ferrolho, perfeitamente audíveis da calçada onde eu estava, me pareceram sacrílegos. Quanto à distância considerável, tal como eu a guardara na memória, eu a via agora tão completamente abolida que eu bem teria podido me dirigir às duas enfermeiras sem ter de elevar a voz. Durante algumas frações de segundo, pareceu-me óbvio que as duas moças, plantadas no vão aberto para escutar o discurso, não tinham nenhum direito de estar ali. Não tinham o direito de ser tão jovens, tão desenvoltas, tão inocentes. Fui tomado por um breve assomo de violência.

Passado o choque, compreendi que a presença das enfermeiras esclarecia um detalhe que permanecera nebuloso nas minhas lembranças: mais que a largura da rua, era o barulho do salão e a vontade de não chamar a atenção que forçavam Marie a só falar por gestos e a se contentar em mexer os lábios atrás da janela. A alternativa teria sido falar aos berros.

Meus tios e eu já tínhamos enfrentado o alarido do salão, sabíamos muito bem com o que Marie tinha de lutar. Quando a janela se abriu, o silêncio profundo do hospital, tomando o lugar dos gritos dos bebês, me abalou tanto quanto a aparição das enfermeiras. Se aquele silêncio me parecia tão antinatural era porque confirmava, com mais de cinquenta anos de atraso, a ausência de dezenas de jovens mães e de seus bebês. Será disso que se trata quando se fala de um "silêncio ensurdecedor"? Seja como for, a ausência de ruído é o melhor sinal da proximidade de um abismo.

Um microfone tinha sido instalado ao pé do edifício de tijolos cor-de-rosa, atrás da grade do hospital, quase abaixo da janela em que ficava Marie. Para chegar ao salão, tínhamos de passar por uma segunda grade que dava acesso ao edifício propriamente dito, subir alguns degraus sob um arco de cerâmica cinza e empurrar uma primeira porta envidraçada que dava para a área da escadaria. Esse microfone também tinha alguma coisa de sacrílego: a janela não ficava muito longe do leito de Marie (era o quarto leito à direita, na primeira fileira, a contar da porta envidraçada de batente duplo pela qual se entrava). Num silêncio como aquele, Marie não teria perdido uma única palavra dos discursos que estavam a ponto de pronunciar em seu nome, ao passo que o barulho da sala não lhe dava a menor chance de se fazer ouvir. De resto, ela não queria ser ouvida: seria o mesmo que nos apontar com o dedo, ali na calçada. Portanto, estava condenada a não poder nem falar nem calar. Mas agora eu tinha a impressão de que as duas enfermeiras tampouco tinham o direito de manter um silêncio tão recolhido, no lugar exato em que Marie fora condenada a se calar.

As enfermeiras mantinham-se eretas, o rosto grave, os olhos perdidos, e os minutos passavam sem que eu conseguisse vencer meu pasmo. As razões eram numerosas demais, complexas demais para que eu pretenda deslindá-las, mas me dei conta de que a idade das duas moças não me era indiferente:

elas ainda não tinham nascido quando Marie se postava ali. Os discursos evocariam acontecimentos que, para elas, estavam a anos-luz, ao passo que, para mim, tudo parecia ter se dado na véspera. Contudo, o menino que olhava para essa janela enquanto agitava as mãos tinha vinte e cinco ou trinta anos menos que as enfermeiras, e eu lembrava que, a meus olhos, elas eram sempre senhoras de idade. Se não usavam mais a touca branca, com ou sem galões, estas de agora pareciam-se estranhamente com suas colegas que tanto aterrorizavam as jovens mães. Tinham o mesmo jeito de enfiar as mãos nos bolsos do blusão, a mesma empáfia própria das equipes médicas e, ao que parecia, a mesma frieza diante da dor alheia. Apesar de seu recolhimento, o arzinho meio distante parecia querer dizer algo como "o que passou, passou". Coisa que eu gostaria de retificar da seguinte maneira: quando se trata do passado, não existem as fronteiras que se quer supor, e aqui as enfermeiras nunca deixaram de ser enfermeiras.

Um homem leu um poema curioso, escrito para a ocasião. Começava assim: "Diga, mamãe, como se reproduzem as tangerinas que não têm sementes?". O grão-rabino recitou um *kaddish*. Feixes de bandeiras tricolores ornavam a fachada. Bandeiras, coroas de flores, fitas de associações, mistério das tangerinas sem sementes, pedaço de pano preto cobrindo a placa e oração dos mortos — todos pareciam satisfeitos. Os oradores se sucederam. A entonação era estranhíssima: levantavam a voz para enunciar verdades que a plateia conhecia bem. A prova disso é que acorrera até ali. Os discursos não eram despidos de sentido. Eram até pertinentes. Acontece que as considerações gerais sobre a História, a Humanidade, o Crime eram tão graves que ninguém ali pensaria em evocar a solidão de uma jovem mãe com seu bebê no colo, perdendo os cabelos, articulando palavras sem ousar pronunciá-las, atrás de uma vidraça, e descobrindo-se dia após dia um pouco mais abandonada, um pouco mais feia, um pouco mais angustiada e sem recurso à vista. Que a linguagem tem algo a ver com a perda e o luto, isso eu sabia desde a infância: nos trens do metrô, bastava que, sem aviso, surgisse uma parede ou uma curva dos trilhos para que já fosse preciso falar no passado. Mesmo quando, um segundo antes, diante das evidências, até mesmo o presente do indicativo parecesse supérfluo. Diante do microfone, o orador falava no passado, mas como se o passado nunca se conjugasse no presente. Também isso me parecia completamente anacrônico.

Mais uma vez, minha ruminação não ia além dos truísmos, eu bem sabia. Pouco importa: sem sequer pensar a respeito, eu escolhera o lugar onde estava, na calçada oposta e diante da mesma janela em que ficava Marie, como fazíamos meus tios e eu. Por sua vez, a plateia (quase duzentas pessoas) amontoava-se o mais perto possível do pequeno estrado e do microfone. Tinham vindo escutar palavras. Que outra coisa teriam vindo fazer? Mas essas mesmas palavras pareciam ainda mais distantes da realidade ao serem marteladas em voz firme, conforme a expectativa. Eram irrepreocháveis, mas isso não mudava nada, ao contrário: quanto mais se tenta ocultar os buracos, mais visíveis são os remendos de uma roupa, seja qual for a destreza empregada.

A alguns metros de onde eu estava, invisível em meio à multidão, uma mulher não pôde conter um começo de choro. Uma irmã, uma filha, uma prima? Sob a avalanche de palavras, suas lágrimas não tinham a menor chance de fazer o orador se calar, nem por um segundo e por mero respeito, como quando, diante de uma porta, recuamos para dar passagem e fazer as honras a alguém. Como meu silêncio era indissociável do silêncio da multidão, senti vergonha. Se lembro bem, o orador elevou discretamente o tom de voz, a fim de encobrir as lágrimas. Falava de "dever" e de "memória", mas as décadas passadas mais pareciam ter lhe conferido direitos, e estes tinham tudo para parecer exorbitantes. Para quem recorda, a memória não tem a ver nem com dever, nem com fraternidade póstuma. Toda injunção a nos voltarmos para o passado não é apenas risível, é quase ofensiva. Na multidão, a desconhecida via-se intimada a se recolher, no exato instante em que todo o peso se abatia sobre seus ombros. Como não ter a sensação, certamente equivocada, de que aquela mulher estava sobrando, que seu lugar não era mais ali, que suas lágrimas não eram mais admissíveis em meio àquela multidão?

Talvez a desconhecida fosse a única a reencontrar, diante da fachada de tijolos cor-de-rosa, toda a angústia que roía o estômago quando se chegava à grade dupla do hospital. Na escadaria que levava ao salão, os visitantes apressavam-se em silêncio. A felicidade de reencontrar um parente, quando se vai a qualquer outro hospital — e seja qual for a gravidade da doença —, era fora de propósito no Rothschild. Ao contrário, quanto mais se aproximavam do salão, mais os visitantes sentiam que o nó na barriga se apertava, mais febris eles se sentiam. Essa angústia e essa febre eram tão evidentes que até mesmo uma criança podia notá-las: como ter certeza de que a mulher e o bebê, vistos na véspera, ainda estariam lá? Volta e meia acontecia que o leito tivesse recebido uma nova ocupante naquela mesma manhã. As vizinhas mal tinham como dizer para onde a mãe e o bebê haviam sido transferidos. As enfermeiras tinham ordem de se calar e não havia meio de encontrar a enfermeira-chefe. Na hora das visitas, os gritos de desespero eram frequentes no salão. Essa angústia de não encontrar mais que uma desconhecida não pode ser conjugada no passado, assim como não se deixa confundir com as palavras para nomeá-la.

Na plateia, algumas pessoas começaram a demonstrar uma ponta de irritação. Tinham vindo para ouvir os discursos, não os soluços de uma desconhecida. Duas mulheres jovens esticaram a orelha na direção do orador. Uma terceira não hesitou em se inclinar ostensivamente na direção do microfone. Não tinha atravessado Paris inteira para ouvir o orador? Bem tinha o direito de não ser perturbada.

*

Os dermatologistas sabem muito bem o que Marie teve no hospital Rothschild. A perda súbita dos cabelos não tem nada a ver com a alopecia, que diz respeito essencialmente aos homens. No caso, trata-se de uma pelada. A pelada está sempre ligada a um grave choque emocional e afeta placas inteiras do couro cabeludo. Ou seja, Marie tinha razão ao afirmar que mechas inteiras lhe ficavam entre as mãos quando se penteava. "Há pessoas que perdem uma parte importante dos cabelos em poucos dias, às vezes numa única noite", explica um antigo diretor clínico do hospital Saint-Louis.

Na verdade, caem apenas os cabelos que conservaram a pigmentação. É por isso que a maioria dos casos de pelada ocorre entre os vinte e cinco e os trinta anos. Marie tinha vinte e oito anos. Os poucos cabelos brancos que tinha quando de sua detenção, em 14 de agosto, eram quase invisíveis na massa de cabelos castanhos. Portanto, não é de espantar que eu tenha tido tanta dificuldade de reconhecê-la no hospital Rothschild: em certas partes do crânio, não lhe restavam mais que finíssimas mechas de cabelos brancos.

Jacques Cohen

Nascido em 20 de fevereiro de 1902, em Istambul.
Comboio nº 59, 2 de setembro de 1943.

Em Istambul, tanto Marie como Jacques tinham passado pelas escolas primárias católicas francesas. Na época, quase todas as família judias matriculavam os filhos nesses estabelecimentos, conhecidos pela excelência do ensino. Havia os irmãos de São Bento ou os irmãos maristas da Imaculada Conceição, para os meninos, e as irmãs de Nossa Senhora de Sion para as meninas. Algumas dessas escolas chegavam a ter oitenta por cento de alunos judeus, e havia muito tempo que os religiosos tinham desistido de sua vocação inicial, a conversão. Nesses estabelecimentos, não havia aulas nem durante as festas cristãs, nem durante as festividades judaicas e muçulmanas. Um de meus tios certa vez me contou que os alunos se divertiam contando e recontando os feriados, a fim de saber qual religião rendia mais folgas às duas outras confissões. O reverso da moeda eram os dias de aula muito longos e as férias de verão muito curtas.

Depois da escola primária, os alunos podiam escolher entre o liceu francês de Galatasaray, que meu pai e meus tios frequentaram, e as escolas da Aliança Israelita Universal, judaicas mas laicas, que prodigalizavam uma educação geral acompanhada de um ensino técnico de alto nível. Lá também as aulas eram dadas em francês. Se, ao turco e ao francês, acrescentarmos o espanhol, que os sefarditas não deixaram de falar desde a expulsão da Espanha em 1492, Jacques e Marie eram perfeitamente trilíngues. Como muitos judeus de Istambul, falavam também grego e armênio o bastante para se fazerem entender.

*

Foi preciso ouvir trechos das tragédias de Racine na voz de meus tios para que eu compreendesse o gosto de Jacques pelos terraços das *brasseries* parisienses, conforme me relataram centenas de vezes. Até que a estrela amarela o impedisse, nada superou a seus olhos o prazer de sentar-se por um instante, sozinho ou com Marie, nos Grands Boulevards ou nos Champs-Élysées, e ver a multidão passar. Parisiense, casado, pai de família, tinha a impressão de ter dado certo na vida. A julgar pelo francês castiço que falavam seus irmãos, minhas tias e meus avós maternos, todos educados nas mesmas escolas, imagino que fosse bem difícil saber de que lugar vinha Jacques: no máximo, alguém notaria a pronúncia cantarolada de certas consoantes, à maneira do turco. Diante desse leve sotaque (que devia ter se atenuado depois de dezoito anos de vida na capital), os parisienses sempre ficam perplexos, julgando notar uma pontinha de sotaque de Perpignan ou de Bordeaux.

Jacques cumprira suas obrigações militares na Turquia. Feliz de viver em Paris, não terá lembrado que perdera a cidadania turca, sem com isso ter obtido a francesa. Como Marie, tornara-se um apátrida: uma presa perfeita no tempo das batidas policiais.

*

Para se ter uma ideia do apego dos judeus turcos à França (e o mesmo valia em todo o antigo Império Otomano), é preciso notar mais uma coisa: a seus olhos, a França não era apenas o país de Racine, das Luzes e da Revolução de 1789, que pela primeira vez na Europa concedera direitos cívicos aos judeus. Paradoxalmente, era também a França do Caso Dreyfus.

—Um obscuro capitão judeu é acusado de espionagem—raciocinava-se às margens do Bósforo—, ninguém sabe se ele é culpado, e a França chega à beira da guerra civil! Em praticamente qualquer lugar do mundo, o capitão teria sido fuzilado após um processo sumário, ou mesmo sem processo, e ninguém mais teria ouvido falar dele.

Minha avó materna contava que, adolescente no subúrbio de Istambul onde crescera, bordara almofadas com as efígies de Dreyfus e de Zola. Quando entrei no liceu, adorava me provar, com uma ponta de malícia, que sabia as *Fábulas* de La Fontaine melhor do que eu. Sabia mesmo.

*

Em 1939, pouco antes da declaração de guerra, Jacques apresenta-se, em companhia de um irmão de Marie, à caserna de Reuilly. Os dois querem se alistar, à maneira do caçula dos irmãos Cohen, que acabara de ser convocado em Angoulême. Caso não sejam aceitos num regimento regular, por conta de sua condição de apátridas, estão prontos a se alistar na Legião Estrangeira. Em resposta, dizem-lhes que o exército francês não precisa de judeus. Nesse dia, o antigo aluno do liceu francês de Galatasaray teve de se resignar a encarar uma face da França que seus professores tinham tratado de não evocar.

Há um relato de Vercors intitulado *Caminhada à luz das estrelas*. Ele conta a odisseia de um judeu da Morávia que, movido como Jacques pelo amor à França, vem viver em Paris. Tanto para um como para o outro, Paris não era apenas a Cidade Luz, era também a cidade mais inteligente do mundo. O Sena não corre entre duas estantes de livros? Em 1940, a gendarmeria francesa entrega o herói de Vercors aos alemães. Três anos mais tarde, a polícia parisiense entrega-lhes Jacques Cohen. O livro de Vercors começa com esta frase: "O amor quase sempre se extingue num final sórdido".

*

    À noite, sentado à mesinha retrátil da sala de jantar (uma das abas não era usada nunca e ficava dobrada contra a parede), no bulevar des Batignolles, e antes mesmo de engolir a primeira colherada de sopa, Jacques decretava: "Está bom, mas está quente".
    Não lembro de nenhuma outra frase de Jacques, de nenhuma outra expressão costumeira, e nunca entendi por que esta ficou tão marcada na minha memória. É impensável que uma criança de cinco anos possa ter notado a menor contradição nela: se estava quente demais, a tal ponto que nem podia engoli--la, como Jacques podia afirmar que a sopa estava boa?
    Hoje eu me digo que ele tentava acalmar Marie o mais rápido possível. Naquela época de restrições, ela fizera o melhor que pudera com o que havia penado para conseguir. O veredicto apressado, noite após noite, talvez fosse a única maneira de não lhe dar a entender que a sopa era detestável.

*

    Durante a guerra, como não podia me dar brinquedos, Jacques fabricou um cachorrinho com um resto de oleado amarelo. O cachorrinho, forrado de crina, caberia num maço de cigarros. A costura lembra os pontos de sutura dos cirurgiões. O fio preto serve também para desenhar os olhos. Já me contaram cem vezes que dei o cachorrinho de presente a umas primas, pouco antes de partirem para a Itália, depois que os pais tiveram a boa ideia de se refugiar num lugarejo perto do lago de Como. Foi no fim de 1941 ou no começo de 1942, antes do início das grandes batidas policiais em Paris. Eu tinha quatro ou cinco anos e não tenho a menor lembrança desse presente.
    Durante os anos de guerra, minhas primas tomaram o maior cuidado com o cachorrinho, pensando que jamais tornariam a me ver. Elas o devolveram há cerca de vinte anos.

Tenho o cachorrinho diante dos olhos no momento em que escrevo estas linhas. Mesmo sem me fazer lembrar de nada, ele me ensinou muito sobre Jacques, em primeiro lugar sobre sua habilidade manual bastante incomum. Um homem cujo pai empregou tanta minúcia, engenho e paciência para, apesar de tudo, dar um brinquedo de presente ao filho, um homem assim sabe que tem em mãos a prova de uma imensa ternura.

O cachorrinho amarelo me faz pensar numa pequena siderita que comprei de um mineralogista parisiense alguns anos atrás: o certificado de autenticidade atesta que o meteorito é contemporâneo da formação do sistema solar. Os oceanos, as florestas, os polos, os desertos e os maciços montanhosos representam mais de oitenta por cento da superfície terrestre: era improvável que a siderita fosse encontrada, como era improvável ver o cachorrinho amarelo sobreviver às catástrofes.

*

Onde quer que Jacques estivesse, e fizesse o que fizesse, o ranger do piso assinalava sua presença no apartamento do bulevar des Batignolles. Contudo, ele era de altura e corpulência perfeitamente normais. Uma nota estridente, parecida com o guincho de um animal, informava seus menores movimentos no cômodo vizinho.

Nas minhas lembranças, nada, ao contrário, anunciava os deslocamentos de Marie. Na ausência de Jacques e sempre que usava salto, ela se movia deslizando os pés para evitar qualquer choque contra o piso. Da mesma maneira, ela punha o dedo indicador sobre sua boca ou sobre a minha para me impor silêncio ao menor ruído no vão da escada. Ao fazê-lo, ela reforçava assim uma dupla noção em mim: alguma coisa de grave podia acontecer na ausência de Jacques, mas era ainda mais grave que Jacques pudesse ignorá-lo. Era simples: quando Jacques não estava em casa, fazíamos tudo para dar a impressão de que nós também não estávamos.

*

Há uma foto de Jacques tocando violino. Ela traz o timbre do estúdio "P. Delbo, 9 rue Vavin, Paris" e data, muito provavelmente, do começo ou de meados da década de 1930. Em 1925, jovem imigrante, foi em Montparnasse que Jacques veio depositar sua mala e seu estojo de violino. Não tenho a menor lembrança de ter ouvido Jacques tocando o instrumento, mas, na foto, a posição das mãos, bem abertas sobre as cordas, o dedo mínimo sobre a *chanterelle* (a corda mais aguda) na altura do cavalete, o modo de empunhar o arco e o ângulo do punho não são os de um iniciante. De resto, basta uma lupa para descobrir que o braço e o tampo exibem traços abundantes de resina: o violino já era tocado, e havia muito tempo, antes de entrar no estúdio fotográfico da rua Vavin.

Quando tinha dez ou onze anos, eu quis porque quis aprender violino. O instrumento de estudo que compramos seguindo as recomendações da senhorita Gaston, que dava aulas na rua Brochant, perto do *square* des Batignolles, mal fora afinado pela primeira vez quando ela declarou em tom solene: "Você precisa amar o instrumento se quiser que algum dia ele o ame também". A frase ficou bem guardada na minha memória, pois me pareceu absurdo pensar que um violino pudesse nutrir o mais ínfimo sentimento. Mas o fato é que jamais cuidei tanto de um objeto — nem com tanta seriedade. Mesmo assim, logo tive de abandonar o violino.

*

Alguns meses atrás, uma prima tirou de seu álbum de família uma foto que, à primeira vista, parecia ser um segundo exemplar da foto de Jacques tocando violino. Essa foto traz igualmente o timbre do estúdio "P. Delbo". Jacques está usando o mesmo terno. Atrás dele, pode-se reconhecer a mesma mesinha de madeira dourada com tampo de mármore branco. Contudo, é preciso ter as duas fotos diante dos olhos, lado a lado, o que nunca havia acontecido, e compará-las com atenção para descobrir que não se trata da mesma tomada.

Na segunda foto (reproduzida aqui à esquerda), a expressão do rosto é menos austera. De lupa em punho, vê-se um sorriso discreto que se esboça. A postura de Jacques é menos aprumada e parece menos posada. A posição da mão esquerda sobre as cordas tampouco é a mesma: agora ela se movimenta perto das cravelhas, na altura das notas graves. Do mesmo modo, o braço está mais alto, levando o arco para cima, e não para baixo.

Assim, é lícito pensar que a leve crispação do rosto que se vê na primeira foto seja provocada pela estridência do som. Na segunda, o som mais grave solicita menos a orelha. É portanto lógico que o rosto esteja mais relaxado: por mais sóbrio que um violinista seja, sabemos como lhe é difícil não deixar transparecer nada do que acaba de fazer — ao mesmo passo que a interpretação lhe solicita o corpo inteiro. Em maior ou menor grau, os músculos do rosto não têm como se dissociar por inteiro desse esforço.

De repente, já não se tratava de uma simples foto de Jacques, nem mesmo de duas fotos: um violinista tocava diante dos meus olhos.

*

Não há como arrancar um segredo como esse ao passado e depois contentar-se com aproximações, muito menos quando se trata do próprio pai. Meus dois anos de violino junto à senhorita Gaston não eram suficientes para que eu pudesse concluir com autoridade. Precisava da opinião de um profissional. Para dizê-lo em outros termos, Jacques arranhava a rabeca em festas e casamentos nas tasquinhas à beira do Bósforo, antes de imigrar para Paris? Ou era capaz de abordar o repertório clássico? Qual era o seu nível?

Dois músicos suíços, Jean Auberson, violinista e violista, e sua irmã Lise, pianista e musicóloga, fizeram a gentileza de examinar de perto as fotos de Jacques. As fotos não podem dizer tudo. Mas, ainda assim, o violino é um instrumento exigente demais para que as fotos não revelem nada.

— Seu pai tocava bem, aliás, muito bem — determinou Jean Auberson. — Como o senhor notou, é verdade que a primeira foto é um pouco posada, mas nem por isso ele deixa de ser um violinista bastante aguerrido.

Para Jean Auberson, o ângulo do punho, o cotovelo modicamente levantado, a posição do arco e a empunhadura são fáceis de identificar:

— São posições características da escola franco-belga — explica ele. — Essa técnica difundiu-se na Ucrânia e no norte da Europa. Também se encontra na Rússia. É a técnica de Jascha Heifetz, de David Oistrakh, de Nathan Milstein.

Heifetz nasceu em Vilna, na Lituânia, onde obteve seu diploma no conservatório aos sete anos de idade. Oistrakh e Milstein nasceram em Odessa, na Ucrânia, às margens do mar Negro, vale dizer, às portas de Istambul. Estudaram com o mesmo professor. De resto, Jean Auberson recorda que, muito jovem, teve um professor originário da Turquia. Ele tinha exatamente as posturas que se veem nas duas fotos de Jacques.

Quanto ao fato de nunca ter ouvido Jacques tocando, a razão me parece hoje saltar aos olhos: quando se levava a estrela amarela, não era boa ideia chamar a atenção dos vizinhos ou da zeladora. Mesmo quando se tocava "bem, aliás, muito bem".

*

No dia da conversa com Jean Auberson, quis o acaso que um primo meu e sua mulher viessem jantar em minha casa. Ele não conheceu meu pai e ignorava que ele tocasse violino, mas lembrou-se de chofre que guardava no porão um instrumento herdado de seu próprio pai, David, que descobrira o violino entre as coisas de nosso avô paterno (ver *Mercado*), deportado em 1943, no mesmo dia que Jacques e nosso tio Joseph (ver *Joseph*). Jacques morara com os pais, primeiro na rua Delambre, depois no bulevar de Courcelles, até seu casamento em 1936. Ele é o único violinista da família. Por uma casualidade qualquer, o apartamento do bulevar de Courcelles não foi pilhado durante a Ocupação. Este é, portanto, o violino de Jacques. Meu primo e eu calculamos sem dificuldade que o instrumento sobreviveu a sete mudanças de endereço e não é tocado há setenta anos.

*

O violino está à minha frente enquanto escrevo. Além do estojo, também perdeu as cordas, a queixeira e o cavalete. A alma se soltou e passeia de um lado para o outro no corpo do instrumento: basta sacudi-lo para que se ouça a pecinha de madeira, que soa como um fósforo numa caixa vazia. O arco também se perdeu. Mesmo assim, graças à bela pátina marrom-avermelhada do tampo e à cor original, de um amarelo vivo, que reapareceu no lugar da queixeira, o violino conserva um aspecto altaneiro. Pelos ouvidos em *f*, pode-se ler uma etiqueta empoeirada que diz: *Jacobus Stainer, in Absam prope Oenipontum, 17*.

Nascido vinte e sete anos antes de Stradivarius, Jacob Stainer é o maior dos *luthiers* austríacos. Quanto à forma, seus violinos diferem sensivelmente dos instrumentos do mestre de Cremona e foram os mais tocados durante todo o século XVIII. Ainda hoje são muito procurados. Absam é um lugarejo perto de Innsbruck, a antiga Oenipontum romana. O número "17" dá a impressão que a data foi ou deveria ter sido completada à mão, mas ela não é mais legível. De todo modo, a etiqueta é apócrifa, e o violino não é mais que uma cópia datada do começo do século XX. Nem por isso o *luthier* que fui consultar na rua de Rome deixou de julgar sua fatura excelente e seu estado de conservação bastante inesperado, exceção feita a uma pequena fissura no tampo, nada grave. Segundo o *luthier*, o violino é um excelente instrumento de estudo e sem dúvida mereceria ser restaurado.

*

Seria o caso de restaurar o violino, mesmo que eu não possa tocá-lo? É bem possível que nada fosse tão precioso quanto este instrumento aos olhos do jovem Jacques. E como não querer ouvir seu som? Mas, admitindo-se que o violino não tenha perdido nada de sua sonoridade, o que eu ouviria então? Certamente não os sons que Jacques tirava. E ele ficaria feliz com a ideia de outra pessoa tocando o instrumento? Mas que peso a lembrança de seus anos de violino ainda poderia ter no interior do vagão de gado que o conduzia a Auschwitz junto com seu pai, sua mãe, seu irmão mais velho, sua tia-avó, depois de ter sido separado tanto de sua mulher e de sua filha, que tomariam o mesmo caminho, como de seu filho? Mal ouso formular uma pergunta tão obscena.

Mas como não me perguntar, olhando hoje para este instrumento? Por mais que tenha sido salvo por milagre, o violino tem o brilho distante de um pequeno cometa. Não se pode esquecer que foi na rampa da estação de Birkenau que Jacques ouviu pela última vez o som de um violino. Esther Béjarano, que fazia parte da orquestra feminina do campo de concentração, recorda que os músicos eram obrigados a tocar a cada vez que chegava um comboio de deportados. A música servia para acalmar os homens e as mulheres que desciam dos vagões e que, poucos minutos mais tarde, seriam empurrados para a câmara de gás. Numa fábrica de alto giro como Birkenau, todo movimento de pânico teria sido contraprodutivo.

A grande *mezzo soprano* Hedda Grab-Kernmayr, internada em Theresienstadt de 1942 a 1945 e obrigada a cantar inúmeras vezes diante de uma plateia de ss, reagiu como pôde a tal desvirtuamento da música. Sua atitude não pode ser julgada levianamente. Pascal Quignard (em *O ódio à música*) recorda que, depois da libertação do campo pelo Exército Vermelho, a cantora teve a sorte de poder emigrar para os Estados Unidos.

A partir de então, e apesar de todos os convites, ela se recusou obstinadamente a cantar. Com a mesma constância, não quis mais ouvir falar de música ao seu redor. Não estava simplesmente morta para a música: para quem voltava de tais paragens, a música parecia ter perdido todo o sentido.

*

No pós-escrito que acrescenta à carta de Joseph (ver *Maria*) enviada de Drancy em 1º de setembro de 1943, na véspera da partida rumo a Auschwitz, Jacques chama Marie de *Poupika* ("bonequinha", em ladino). É o termo mais carinhoso que um sefardita pode usar para falar com a mulher ou a filha. O diminutivo em *ika*, de uso corrente no século XV, perdeu-se em prol do *ita* do espanhol contemporâneo. Hoje em dia, quando o ladino é estudado como língua morta, após o desaparecimento nos campos de concentração das comunidades sefarditas da Grécia e dos Bálcãs, a ternura desse diminutivo, contemporâneo de Isabel, a Católica, soa como um dobrar de sinos cada vez mais tênue, cada vez mais distante, cada vez menos distinto.

*

Jacques usava um terno de finas listras cinzentas. De longe, as listras formavam um traço vertical e contínuo. Bem de perto, eu distinguia o zigue-zague do fio cinza em meio à trama. Sentado sobre os joelhos de Jacques, eu não me cansava de testar essa contradição: avançando ou recuando o tronco, balançando para a frente e para trás enquanto Jacques me segurava pelas mãos, eu via ora a linha cheia, ora a linha entrecortada.

*

Precisei de décadas e de muitos acasos para reencontrar a água-de-colônia que Jacques usava. Como não gosto de perfumes masculinos, seja qual for, por muito tempo me livrei das colônias que me davam esvaziando os frascos na pia, pouco a pouco: não queria magoar as pessoas que, depois de me presentear, porventura usassem o banheiro de casa.

Certo dia, entro numa perfumaria. Feita a compra e enquanto terminam a embalagem, a vendedora, como boa comerciante que era, me estende uma água-de-colônia masculina e me apresenta mais três ou quatro produtos. Eu me decido rapidamente, sem hesitação, atendendo a um imperativo aberrante, uma vez que nunca usei perfume nenhum. Mas tudo me seduz na escolha que acabo de fazer, inclusive a forma velhusca do frasco, a cor da etiqueta, a cor da tampa. Nos dias seguintes, sempre que entro no banheiro e revejo o frasco, aquele tênue prazer me parece ainda mais fundamentado.

Muitos anos se passam. Um dia, em casa, uma tia sai do banheiro:

—Veja só, você também usa essa água-de-colônia!

—Como assim "eu também"?

—Mas é a água-de-colônia que o seu pai usava. E os irmãos do seu pai também, sempre usaram a mesma.

Mais uns anos se passam. Nos oitenta anos de um irmão de Jacques, compro um frasco dessa mesma água-de-colônia, querendo pelo menos dar um presente útil. Na verdade, fazia muito tempo que meu tio não a usava mais, explicou minha tia. Usava colônias ou loções pós-barba presenteadas pelas quatro filhas, sem dar importância especial a esta ou àquela marca. Mas a água-de-colônia que eu acabara de lhe dar era exatamente a que ele usava na juventude, quando conhecera a futura mulher. Disso ela não tinha dúvida, não tinha como se enganar.

Quando abriu a embalagem, meu tio parecia ter se esquecido até mesmo da existência daquela água-de-colônia.

Agradeceu-me sem o menor comentário. Arriscando-me a uma grosseria, tentei lhe arrancar algumas palavras. Queria uma segunda confirmação de que era mesmo a água-de-colônia que meu pai usava. Era um detalhe ao qual eu sentia ter direito. Não consegui nada, mas, algumas semanas mais tarde, minha tia me fez uma confidência ao telefone:

—Seu tio está encantado com a água-de-colônia. Você nem sabe o prazer que lhe deu. Ele decretou que não quer mais usar outra coisa.

*

Lembrança do enorme susto ao ver Jacques certo dia sem óculos. Vinha correndo ao meu encontro e estava a ponto de me pegar nos braços. Eu estava à sua espera, mas aquele era um estranho que se precipitava sobre mim. Ainda hoje eu tardo a reconhecer Jacques na única foto em que ele não usa óculos. Se acabo por identificá-lo graças a ínfimos detalhes, é porque ele anotou nome e data no verso. Tenho outras fotos em que, segundo tudo indica, Jacques posa sem óculos, no meio de um grupo: mas sou incapaz de identificá-lo taxativamente.

Uma pessoa próxima me faz perceber que, por muito tempo, usei óculos de espantosa semelhança com os de Jacques. Essa pessoa, que conhece bem minhas fotos de família, apressa-se a acrescentar que só renunciei a essa armação em nome de uma outra, que vem a ser a réplica exata da que se vê nas últimas fotos do meu tio Joseph (ver Joseph*). Sou obrigado a reconhecer que sempre hesitei entre as duas armações. Só me decidi por força das circunstâncias, e sempre senti saudade da mais antiga.*

*

Contador numa firma comercial em Istambul, violinista nas horas vagas, agora jovem trabalhador imigrante, Jacques tem de refazer a vida em Paris; na falta de coisa melhor, começa a vender meias, meias-calças e gravatas dentro de um guarda-chuva, perto da Ópera. Mais tarde, ele se instala na saída de emergência do cinema Scala, nos Grands Boulevards, sob uma placa onde se lê *Jack*. Muitos cinemas alugavam a saída de emergência, sob condição que não fossem obstruídas por nenhuma banca rígida; deviam igualmente ficar abertas aos quatro ventos. Uma foto mostra Jacques ao lado de um pequeno cartaz removível que anuncia: "Meias e meias-calças que desafiam a concorrência". As meias e meias-calças estão penduradas em um barbante. Um cartaz anuncia o ator Georges Colin no filme *Mon homme*. Jacques afinal se instala, pouco antes da guerra, numa pequena loja da rua de Clichy, onde vende os mesmos artigos. Logo foi expulso pelas primeiras leis antissemitas.

Em meados da década de 1950, eu quis rever essa loja. O novo ocupante não mudara nada no lugar e vendia as mesmas coisas. Assim, pude reencontrar minhas lembranças mais íntimas, inclusive o cheiro de naftalina: as traças deleitam-se indiferentemente com meias de lã ou de fibra sintética. Mas fiz uma descoberta que Jacques teria impedido em tempo de guerra: um pequeno armário, dissimulado pelo lambri, abrigava um lavabo. Um cartaz do general De Gaulle, medindo mais ou menos 70 × 50 centímetros, estava afixado com tachinhas na parte de trás da porta. O general usa o quepe de cerimônia, ornado de folhas de carvalho. Sempre me perguntei onde se podia conseguir uma foto como essa durante a guerra. O novo locatário do ponto beneficiara-se do decreto de 26 de abril de 1941 que proibiu aos judeus qualquer atividade comercial. Aparentemente, não nutria nenhum ódio por estes últimos ou pelo general De Gaulle. Tampouco parecia constrangido por ter diante de si o filho de um homem que ele espoliara dos pés à cabeça. É bem verdade que não há aí nenhuma contradição.

*

Lembrança da breve sensação de vertigem quando Jacques me levantava do chão para me instalar sobre seus ombros. Ele gostava de me manter imóvel por um instante, no alto de seus braços estendidos. Eu devia rir para mostrar que não tinha medo, mas só conseguia rir pela metade. Aliás, há uma foto em que Jacques me carrega assim. A julgar pelo meu trejeito, não estou exatamente tranquilo.

Cada vez que, andando pelas ruas, dou com uma criança nos ombros do pai, eu me digo que não deve existir felicidade maior, a breve vertigem e o medo sendo compensados—e mesmo além de toda expectativa—pelo sentimento de ter o mundo a seus pés, de ser invulnerável.

*

Possuo uma rede de cabelo que pertenceu a Jacques. Foi deixada na casa de um tio materno. Quando havia boas razões para temer a iminência de uma batida policial nos lados de Batignolles, Jacques e Marie sentiam-se mais seguros na casa dele. Esse tio morava num quartinho de sótão junto com a mulher e a filha, mas a zeladora inspirava toda a confiança, contrariamente à do bulevar des Batignolles. Portanto, éramos seis a dormir no quartinho de sótão, desmontando a cama. As privadas e o lavabo ficavam no vão da escada, mas nem por isso Jacques se esquecia da rede de cabelo. Tratava-se de dominar por todos os meios uma mecha rebelde sobre a têmpora direita, mesmo arriscando-se ao ridículo. É bem verdade que, na época, o uso desse tipo de rede não tinha nada de risível. Lembro-me de ter notado esse detalhe numa comédia americana da década de 1930. Mas não tenho nenhuma lembrança das noites a seis no quartinho de sótão.

*

Além da rede de cabelo (que eu nunca o vi usar: eu devia estar dormindo quando ele a punha), Jacques tinha um potezinho de brilhantina de porcelana ou de vidro fumê. Eu o observava no ato de mergulhar a ponta do pente na brilhantina e depositar um grão de gel cinzento na têmpora direita, depois na esquerda. Ele espalhava o gel com a parte fina do pente, inclinando a cabeça sobre o ombro e segurando os cabelos com a mão esquerda. Talvez eu prestasse tanta atenção justamente por ainda ter os cabelos compridos.

O pote de brilhantina quebrou-se contra os ladrilhos do banheiro. Ainda vejo bem como Jacques tenta tristemente recuperar o que for possível, usando uma colherzinha. Sem que saiba por quê, lembro de ter vivido essa cena como um desastre. Até hoje gosto do cheiro da brilhantina: adocicado, ligeiramente cítrico. Continuou sendo para mim um sinônimo de limpeza, de luxo, de uma espécie de rigor. Às vezes reencontro esse cheiro em outros países, especialmente na Espanha e em Portugal. Certa vez, na Guatemala, enquanto fazia hora lendo um jornal no vestíbulo de um hotel, fiquei fascinado — e, na hora, sem compreender a razão — diante de três tocadores de marimba que se preparavam para um espetáculo. Eles se revezavam diante de um espelhinho apoiado em cima de um dos instrumentos e, um por um, esmeravam-se em besuntar os cabelos com brilhantina. Faziam os mesmos gestos de Jacques, meio século antes.

*

Também guardo de Jacques um estojo de cigarros de couro sintético preto e um urso marrom esculpido em madeira. O urso cabe na palma da mão e fazia as vezes de cinzeiro. A bocarra aberta é pintada de vermelho. O cesto que ele leva às costas servia para guardar uma caixa de fósforos, e o animal segura uma vasilha de cobre entre as patas dianteiras. Os olhos negros e a bocarra são de um realismo perturbador. Era essa, pelo menos, a visão que eu tinha quando era criança, e é essa visão que até hoje se impõe. Até onde posso remontar, vejo o ursinho sobre a mesinha circular onde ficava o abajur de madeira de jacarandá, perto da janela da sala, no bulevar des Batignolles.

Reencontrei o urso numa caixa que continha louça de Limoges e um serviço de sobremesa de metal prateado. A caixa fora deixada por Jacques no porão, talvez como preparativo para uma mudança de endereço. Hoje, a caixa encontra-se no meu porão, e guardei os jornais de época que envolviam a louça. Inexplicavelmente, o porão de Jacques e Marie não foi pilhado, apesar de todo o resto ter desaparecido do apartamento. É bem provável que meu interesse pelo ursinho, numa época em que Jacques e Marie não tinham como me dar brinquedos, tenha feito com que terminasse no meio da louça. O estojo de cigarros de couro sintético fora esquecido na casa de um tio.

O apartamento tinha três cômodos apenas, e minha cama ficava no quarto dos meus pais. Nós três éramos devorados pelas pulgas. Jacques levantava-se no meio da noite e me despia à luz do abajur de cabeceira. A cúpula era feita de celuloide dobrado em forma de sanfona, com um furo embaixo. Um fio mantinha as dobras no lugar. Jacques esmagava as pulgas com a unha do polegar contra o espaldar da minha cama azul. De manhã, Marie limpava as marcas de sangue, mas lembro bem das marcas cinzentas que ela não conseguia eliminar por inteiro.

Despertado pela luz e não tendo nenhuma consciência de ter me virado durante o sono ou de ter me coçado, eu não entendia como Jacques podia adivinhar em plena escuridão a presença de insetos tão minúsculos sob minhas axilas. Durante muito tempo, esse detalhe esteve entre os grandes mistérios.

*

O caso me foi contado centenas de vezes. No fim de 1942 ou no começo de 1943, Jacques e Marie sobem pela rua de Amsterdam, no nono *arrondissement* de Paris, em companhia de um irmão de Marie, Emmanuel, e de sua mulher, Lily, modista na rua des Batignolles, mas cujo ateliê, que servia também de casa, fora "arianizado" um ano antes. Os dois homens foram igualmente privados de seu ganha-pão, e vivem das economias que tiveram o juízo de fazer antes da guerra. Os dois casais passam diante do Monseigneur, um lugar muito chique, ao mesmo tempo bar, restaurante e casa noturna. Ignoram que o estabelecimento é frequentado por oficiais alemães, à paisana ou de uniforme, e por colaboracionistas endinheirados. Como é preciso subir dois ou três degraus para entrar, não há como saber, da rua, o tipo de clientela presente. Naquela noite, os dois casais tinham corrido o risco de sair sem usar a estrela amarela. Por curiosidade, sobem os degraus e empurram a porta, talvez com a intenção de tomar alguma coisa.

Aberta a porta, percebem oficiais alemães uniformizados e não ousam nem se aproximar do bar nem bater em retirada, com medo de chamar a atenção. Incitados pelo *maître* de *smoking* branco, dão por si sentados a uma mesa. O champanhe e os petiscos que lhes servem — sem que nenhum dos quatro se lembre de ter pedido alguma coisa — têm preços exorbitantes, e eles descobrem que não têm dinheiro suficiente para pagar a conta. Jacques sai para buscar o que falta no apartamento do bulevar des Batignolles, mas não consegue reunir a soma em dinheiro vivo e volta ao Monseigneur com as feições descompostas. Meu tio Emmanuel precipita-se, por sua vez, rumo ao quartinho de sótão onde mora com a mulher e a filha desde a requisição do ateliê de modista. Consegue completar o montante, mas o quartinho fica bem mais longe que o apartamento de Jacques e Marie, e há sete andares para subir a pé. Meu tio volta coberto de suor e todo esbaforido. Tudo isso toma muito tempo. Nesse meio-tempo, ninguém ousava beber, temendo que lhes servissem uma segunda garrafa. Quando enfim erguem as taças, os dois casais estão trêmulos, pois os clientes do Monseigneur começam a observá-los com muita curiosidade.

*

Lembrança de uma grande sacola confeccionada por Jacques, em plena guerra, a partir de um pedaço de brim. Era grande o bastante para acomodar um cachorro de tamanho médio. Minha família usou-a por muito tempo depois da guerra. A sacola fora costurada à mão com um fio grosso e encerado. As pontas eram reforçadas com um debruado cinzento. Uma placa fina de compensado consolidava por dentro dois dos quatro lados. Assim, mesmo vazia, largava-se a sacola no chão sem que ela descambasse. Comprido demais, o zíper tivera a parte excedente dobrada e costurada no interior da sacola, para aproveitamento posterior. Quatro grandes rebites de cabeça redonda protegiam o fundo. As alças eram longas o bastante para serem passadas pelo ombro. Adolescente, era assim que eu carregava a sacola. Ela se revelou de uma resistência a toda prova, e a única censura que lhe podiam fazer, no meio da década de 1950, era a de lembrar demais a guerra.

Monique Cohen

Nascida em 14 de maio de 1943, em Asnières.
Comboio nº 63, 17 de dezembro de 1943.

Estamos em pé, lado a lado, meu pai e eu, diante da janela da saleta que dá para o bulevar des Batignolles. Sobre a mesinha do abajur, o ursinho (ver Jacques*) está no lugar de sempre. Jacques me segura pelos ombros e fala comigo. Olhamos pela janela para a pista central do bulevar. É uma situação totalmente fora do comum, e tenho consciência disso: Jacques nunca se dirigiu a mim desse modo, nem com tanta gravidade. Não bastasse isso, Marie não está em casa.*

No dia seguinte, vamos visitar Marie numa clínica em Asnières. Ela está de cama, e eu concluo que está doente. Meus pais riem, o que me deixa perplexo, uma vez que Marie está doente. Mas não tenho nenhuma lembrança da minha reação diante do berço nem da aparência da minha irmã. Lembrança bastante nítida, por outro lado, de um cheiro forte de água sanitária que me entra pela garganta nos corredores e nas escadarias da clínica. Reencontrei esse cheiro alguns meses mais tarde sob o pórtico e nas escadarias do hospital Rothschild, lavados com escovão e água sanitária. Hospitais, casernas, internatos: o cheiro da água sanitária ficou ligado a esses lugares de sofrimento.

*

Não tenho a menor lembrança de ter visto Marie grávida de Monique, nem de ter visto Monique no apartamento do bulevar des Batignolles, nem mesmo no hospital Rothschild. Sei bem que uma criança só vê o que quer ver, mas tampouco encontro o menor indício que indique a presença de uma irmã: nem berço, nem enxoval, nem choros de bebê de colo. Tenho a lembrança de um carrinho azul, cuja armação cromada eu agarro para atravessar a rua, mas não tenho certeza de que Marie esteja empurrando-o e menos ainda de que haja uma irmã dentro dele. É bem verdade que minha experiência de irmão mais velho foi muito breve: passaram-se menos de três meses entre o nascimento de Monique e sua internação no hospital Rothschild.

*

Dois testemunhos apenas permitem esboçar uma imagem de Monique. Sei desses detalhes por uma prima e uma amiga da família. A primeira tinha onze anos em 1943. Junto com a mãe, fez várias visitas a Marie no hospital Rothschild. Ao contrário de mim, não tinha nenhuma razão para não querer ver o bebê no berço. Ainda hoje, ela me assegura rever, "como se fosse ontem, uma boneca de cabelos castanho-escuros, cachinhos e olhos azuis". Monique tinha três ou quatro meses por então. Essa descrição é confirmada pela amiga da família. Até há pouco, eu teria sido incapaz de imaginar uma irmã de cabelos castanho-escuros e olhos azuis, uma vez que Marie tinha cabelos castanho-claros e eu, criança, era loiro. Mal recordava que o cabelo de meu pai fosse castanho-escuro: em sua foto de casamento, vê-se um reflexo de luz tão forte sobre a têmpora esquerda que só podia se tratar de um homem de cabelos pretos, ainda por cima cobertos de brilhantina.

*

Em 1943, fora-se o tempo em que se deitavam os bebês nus e de bruços sobre uma peliça branca. Não existe, portanto, nenhuma foto de Monique. Como também não há certidão de óbito nem sentença judicial que a substitua. O nome de Monique só se encontra nos registros da prefeitura de Asnières, numa pulseirinha e na lista de deportados do comboio nº 63, logo abaixo do nome de Marie. Mas o *Memorial da deportação dos judeus da França* (compilado por Serge e Beate Klarsfeld e publicado em 1978), onde figuram os dois nomes, não constitui prova jurídica de óbito, e as autoridades administrativas não são obrigadas a ter esse documento à mão. Deduzo que Monique ainda está oficialmente viva. Volta e meia eu me digo que uma mulher que decida usurpar sua identidade não encontraria, segundo toda verossimilhança, nenhum obstáculo intransponível.

*

No dia da detenção, Monique não usava a pulseirinha, gravada no máximo três meses antes. Talvez ela nunca a tenha usado. A não ser que um nó diminuto na corrente indique o contrário. As batidas tinham se tornado tão frequentes em 1943 que as joias eram guardadas em lugares seguros, mesmo as dos recém-nascidos: no mercado negro, tudo era negociável. A pulseirinha de Monique encontrava-se numa bolsa de couro branco que continha também a aliança, o relógio de pulso, o anel de noivado, alguns napoleões representando as economias da família e um pedaço de corrente de relógio de ouro: na Turquia, por ocasião da morte dos pais e dos avós, era costume oferecer um pedaço da corrente a cada uma das filhas, para que o transformassem em bracelete. A bolsa de couro estava dissimulada numa pequena cavidade praticada por Jacques atrás de um rodapé do apartamento. Jacques relatara a existência do esconderijo a um vizinho de andar, o senhor Valières, professor de ginástica no colégio Condorcet. Jacques pediu-lhe que pusesse aquelas poucas joias em segurança caso visse, um dia, os lacres da polícia na porta da frente: pelas janelas que davam para o pátio interno, no primeiro andar, passava-se facilmente de um apartamento a outro, graças à armação metálica de uma vidraça. Foi o que fez o senhor Valières. Depois da guerra, ele se pôs em busca dos irmãos Cohen sobreviventes e lhes devolveu a bolsa.

*

Quando, no cemitério de Pantin, quisemos inscrever o nome de Monique na tumba dos meus avós maternos (sobre a qual já figuravam os de Jacques e Marie, pois é costume inscrever o nome dos deportados sobre tumbas em que não estão sepultados), a empresa funerária exigiu uma certidão de óbito. Sem o documento, não tinham autorização para gravar o nome.

Observamos que inscrever o nome de um vivo sobre uma tumba seria uma troça de péssimo gosto, e que deviam ser raros os abusos dessa espécie. Foram necessários vários telefonemas e alguma correspondência até chegarmos a um acordo. Assim, o registro de nascimento de Monique e seu nome sobre uma tumba são as únicas provas de que ela existiu. Mesmo assim, seu nome só figura sobre a tumba a título de exceção, por um ato de tolerância, talvez mesmo por um favor.

Sultana Cohen

Nascida em 1871, em Istambul.
Comboio nº 59, 2 de setembro de 1943.

Nas minhas lembranças, minha avó é um tantinho gorda. Tem a pele muito branca e parece sofrer muito com o calor. Um lencinho embebido em água-de-colônia escapa pelo punho dobrado do vestido. Ela passa e repassa o lencinho sobre a testa, os antebraços, o colo. Feito isso, ela o mete de novo por baixo do punho, onde ele forma uma bolinha.

Nos domingos de muito calor, as persianas do apartamento do bulevar de Courcelles ficavam apenas entreabertas. Minha avó está sentada na penumbra, perto da janela da sala de jantar, numa das duas poltronas de couro gasto; a outra está ocupada pelo meu avô. Ela tenta se refrescar, agitando o lencinho perfumado. Como eu a observo sem entender o que está fazendo (acho que está afugentando moscas invisíveis), ela me pega pela mão, me puxa para perto da poltrona e, sorridente, agita o lencinho diante do meu rosto. Não sinto nada ou quase nada, e sua atitude me parece ainda mais estranha.

Sultana era filha de um Cohen ("sacerdote", em hebraico). Casou-se em 1894 ou 1895 com um filho de Cohen. Ambos tinham sido educados na mais estrita observância religiosa. Sultana tinha vinte e seis anos quando nasceu o primeiro de seus quatro filhos. Istambul ainda se chamava Constantinopla.

Tinha quarenta anos quando pôs no mundo seu último filho. Mas essas são datas relativas. Roger, o caçula dos irmãos Cohen, nasceu num 1º de fevereiro, mas nunca soube em que ano. Situava seu nascimento entre 1909 e 1911, sem que haja aí, creio eu, a menor afetação de sua parte. Na ausência de registro civil, os rabinos mantinham listas de nascimentos, e os pais de família inscreviam as datas e os nomes de sua prole nas páginas de guarda da Bíblia familiar ou do livro de orações. Mas as casas eram de madeira, as sinagogas também, e os incêndios devastavam bairros inteiros. Por muito tempo, as datas dos incêndios eram as únicas a servir de referência. E mesmo então era preciso chegar a um acordo quanto aos intervalos que separavam os acontecimentos familiares e os incêndios.

*

Até sua chegada a Paris, em 1925, aos 54 anos, o maior prazer de Sultana fora cozinhar para os quatro filhos e o marido. Ela o fazia com meios módicos, mas com paciência e cuidado infinitos. Seus filhos viam-na passar horas assando berinjelas sobre um pequeno braseiro que ela abanava com um leque. Seu *yalancı dolma* (folhas de uva maceradas e recheadas de arroz, às vezes de arroz e carne) e seu *imam bayıldı* (berinjelas recheadas de carne) eram irresistíveis. Em turco, o nome deste último prato significa "o imã desmaiou". Subentende-se: de tão boa que estava a comida. Mais que tudo, os filhos adoravam o seu *sütlaç*, um creme de leite e maisena, perfumado com água de rosas e polvilhado de canela.

O outro grande prazer de Sultana, e sua única distração, era levar os filhos para um piquenique em Çamlıca, um lugar no campo, no alto de uma colina, que oferecia uma vista excepcional do Bósforo. Eram necessários três quartos de hora para fazer a viagem numa charrete. Um café punha algumas mesas bambas à disposição dos clientes. Comiam castanhas, espigas de milho assadas, e bebiam água de uma fonte conhecida por suas propriedades digestivas. O proprietário servia limonada ou chá e preparava seu café sobre carvão de madeira: nada melhor, uma vez que o café à turca deve esquentar bem devagar, remexido com uma colherzinha, evitando-se a fervura. O proprietário também criava ovelhas que pastavam ao redor e preparava guloseimas que as crianças adoravam. Famílias amigas marcavam encontros ali. As crianças corriam e brincavam com toda a liberdade. Ficavam até o cair da tarde, esperando o cocheiro que vinha buscar a família toda.

*

E agora eis Sultana à mesa, com os quatro filhos, no terraço do La Coupole ou do Dôme, em Montparnasse. O caçula contava que, ao assistir pela primeira vez à parada do Bal des Quat'z'Arts, com as tradicionais mulheres nuas levando umas poucas plumas à cintura, Sultana fingira não estar nem de longe chocada. Chegou mesmo a se esforçar por não parecer surpresa. As moças costumavam se atirar ao pescoço e se sentar no colo dos homens no terraço dos cafés, só para lhes filar a bebida. Mas Sultana ao menos confessará que se preocupou com o tipo de mulheres que poderiam vir a esposar seus quatro filhos numa cidade como Paris.

*

Fabrica-se na Turquia uma água-de-colônia muito cítrica. Pode-se encontrá-la, a preço módico, nas farmácias, nas perfumarias, nos supermercados. As famílias compram-na por litro. Os judeus expulsos da Espanha no século xv chamam-na de *agua de limón*. Em Istambul, no verão, homens e mulheres muitas vezes deixam atrás de si esse rastro discreto, sinônimo de asseio, mais que de luxo ou de afetação. Alguns homens borrifam-se com ela da cabeça aos pés.

A cada nova viagem a Istambul, ao reencontrar o frescor da *agua de limón*, eu pensava em Sultana, mas também em minha avó materna, que viera viver em Paris trinta e cinco anos mais tarde, no fim da década de 1950. Nascida nas mesmas margens do Bósforo, ela também se chamava Sultana. As duas Sultanas tinham a mesma doçura, a mesma paciência sem limite com as crianças. Pareciam-se nos menores detalhes: o mesmo hábito de esconder o lencinho sob o punho do vestido (como também fazia Marie), a mesma dificuldade para suportar os grandes calores, o mesmo uso da água-de-colônia para se refrescar. Não é de surpreender, portanto, que eu confunda um pouco minhas duas avós, ao menos em minhas memórias olfativas. Durante a guerra, porém, minha avó paterna não tinha a menor possibilidade de encontrar uma autêntica *agua de limón*. O tempo tampouco ajuda: minha avó materna sobreviveu vinte e oito anos à primeira, e seu cheiro continua tão presente (os amigos turcos lhe traziam, a cada passagem pela capital, alguns frascos da preciosa *agua de limón*) que o perfume de sua homônima, morta em 1943, me parece bem mais frágil e bem mais vago.

Também me acontece de pensar nas duas Sultanas quando estou nas ruas de Madri. Na rua Serrano, nas proximidades da Puerta del Sol, encontra-se uma perfumaria que fabrica uma *agua de colonia concentrada*, inalterada desde 1899. Curiosamente, a forma do frasco lembra a da água-de--colônia fabricada às margens do Reno. Mesmo que pareça um pouco mais doce e tenha uma nota de cravo-da-índia, a água madrilenha tem um cheiro pronunciado de limão verde que não é muito distante daquela que se encontra às margens do Bósforo. Mas as águas-de-colônia não têm todas em comum essa dominância do limão?

Foi ao tentar dissociar, sem sucesso, os perfumes das minhas duas avós que me lembrei de uma farmacêutica de Bernay, no Eure. Ela me explicara, rindo-se, que houvera uma época, quando ela mesma era mocinha, em que todas as mulheres dos arredores usavam a mesma água-de-colônia, criada por Jean-Marie Farina e fabricada num laboratório da cidade (ver *Joseph*). Este último detalhe não me fez sorrir. Ao contrário, deu origem a uma curiosa ansiedade que a viagem de carro de volta a Paris não bastou para dissipar: as lembranças mais assentadas não estavam apenas sob a ameaça do tempo. Também estavam à mercê da proliferação e da multiplicidade das semelhanças, como num jogo infinito de espelhos.

*

Domingo à noite, no inverno, Sultana e Annette (ver Mercado*) preparavam uma sopa de batata e alho-poró. Durante a Ocupação, a sopa, por força das circunstâncias, era bem rala. Tenho a lembrança de um líquido cinzento, com alguns pedacinhos verde-escuros boiando à superfície. Eu ficava prestes a ter um ataque de cólera sempre que tentavam me forçar a comer alho-poró. Foi preciso muito tempo para que eu entendesse que só se come a parte verde na falta de coisa melhor. O prato branco era bordejado por uma linha grossa, vermelha, ladeada de dois filetes dourados. O vermelho do prato era idêntico ao vermelho do tapete das escadarias no bulevar de Courcelles. Ainda hoje, sempre que vejo um tapete vermelho numa escadaria, penso na que havia no bulevar de Courcelles. O tapete me lembra os pratos, que me fazem pensar na sopa de batata e alho-poró de Sultana e Annette.*

*

Depois de ter passado a tarde de domingo em família, coisa mais que imprudente na época das batidas policiais, passávamos à mesa: antes da guerra, por nada neste mundo os irmãos Cohen deixariam os pais sozinhos no domingo, dia em que não se trabalhava. Mantiveram o hábito dessas reuniões de família mesmo quando as leis de Vichy privaram-nos de qualquer atividade. Depois do jantar, tentavam por todos os meios me pôr para dormir. Eu exigia que a luz do corredor ficasse acesa e a porta do quarto, entreaberta. Também era preciso que Marie se deitasse a meu lado. Ela tirava os sapatos e fechava os olhos. Rapidamente, adormecia. Meu pai vinha ver em que pé estava a coisa. Acordava Marie e se deitava para rendê-la. Mas ele também adormecia, e Marie mergulhava de novo no sono. Já me contaram centenas de vezes que, quando meus pais finalmente dormiam à solta, eu reaparecia na sala de estar, descalço e todo prosa.

Além dos quatro filhos, Sultana teve uma filha. A lenda familiar sugere que a criança tenha morrido de susto no berço, aos sete meses de idade, no lugarejo de Dağhamam (ver *Mercado*). Alguém teria debruçado sobre o berço usando uma máscara de carnaval. Hoje, quem sabe, os médicos falariam antes de uma malformação cardíaca ou de uma ruptura de aneurisma.

Mercado Cohen

Nascido em 1864, em Istambul.
Comboio nº 59, 2 de setembro de 1943.

Uma presença muda no bulevar de Courcelles, numa das duas poltronas de couro gasto dispostas a cada lado da janela da sala de jantar, sendo a outra ocupada pela minha avó: é mais ou menos tudo que guardei dele. Meu avô tem um livro nas mãos. As páginas são muito escuras. Eu me digo, ao escrever estas linhas, que os caracteres hebraicos, com seus traços mais cheios, resultam em páginas mais carregadas de tinta do que os caracteres latinos.

Por causa da barba branca e curta, bem como do bigode, eu sempre tenho medo que ele queira me beijar, mas não tenho nenhuma lembrança de um beijo. Talvez ele se contente em me dar a bênção, pousando a mão sobre a minha cabeça.

No inverno, Mercado sente frio o tempo todo, e um cobertor faz as vezes de xale. Cada vez que deparo, em um livro, com a foto de Nadar em que Mallarmé aparece com um cobertor sobre os ombros, é no meu avô que eu penso. Enfiado na poltrona grande e baixa, ele parece pequenino. E, de fato, as fotos mostram um homem de um metro e sessenta, mais ou menos. As mãos estão sempre frias. Ele gosta de pegar minhas mãos e acariciá-las. Seus filhos David e Roger demonstraram afeto da mesma maneira a vida inteira. Nas minhas lembranças, o traje de três peças de Mercado exala, no verão, um leve odor de tecido de lã que nunca mais reencontrei, exceto no exército, durante meu serviço militar, quando ficávamos imóveis sob o sol.

*

Durante décadas, contaram-me uma e outra vez que, durante a Ocupação, Mercado recusou indignado toda sugestão de abandonar sua poltrona no bulevar de Courcelles para escapar às batidas policiais. "Só os ladrões e os assassinos tratam de se esconder", repetia ele aos quatro filhos. Bastava que falassem dessa possibilidade para que ficasse ofendido, como se fosse uma afronta. Seus filhos tinham respeito demais por sua retidão para contradizê-lo num assunto tão sensível. Suponho que nem por isso deixaram de explorar todas as possibilidades de tirar os pais de Paris. Mas onde esconder um homem de setenta e nove anos, metido num terno e que por nada neste mundo se separaria de seus livros de estudo e oração? De resto, Mercado não tinha como entender a gravidade da situação na França ocupada. Assim, foi em sua poltrona que a polícia veio detê-lo, assim como toda a sua família, num sábado, 14 de agosto de 1943.

*

Todos os dias, Mercado lia a Bíblia com o comentário de Rachi (que viveu em Troyes no século XI). Depois estudava um pouco do Talmud, como fazia desde a tenra infância na escola talmúdica de Üsküdar, a antiga Scutari, um subúrbio de Istambul na margem asiática do Bósforo. Isso não o impedia de ter uma estima apenas relativa pelos rabinos que, conforme repetia aos filhos, sabem o que leem, mas não sabem de mais nada. Por tudo isso, Mercado ia muito pouco à sinagoga. No lugarejo de Dağhamam, próximo de Üsküdar, onde passou o essencial da vida, na rua Karakolhane, número 6, o vizinho, um herborista judeu, dera-lhe a alcunha de *Jajam* — sábio, conhecedor de hebraico e, por extensão, rabino. Não era raro que viessem consultá-lo quando surgia alguma dificuldade numa família judia. Acontecia até que os vizinhos muçulmanos fizessem o mesmo.

*

Quando, no final dos anos 1920 ou no começo dos anos 1930, já em Paris, foi preciso contratar alguém para ajudar sua mulher, Sultana, que toda noite tinha de dar de comer a sete pessoas (nenhum dos quatro irmãos Cohen se casara, e uma tia morava com a família), Mercado ficou indignado com a ideia de tirar da escola uma mocinha de catorze anos para convertê-la em criada. A tradição judaica exige que se estude e que se ajude quem não tem meios para fazê-lo. A jovem criada chamava-se Annette. Bretã, vinha direto do campo, e aquele era seu primeiro emprego. Mercado fez que a rematriculassem imediatamente na escola. Annette devia ser a única criada que recebia salário, casa e comida para ficar ausente a maior parte do dia. O que não a impedia de ajudar Sultana antes de se sentar para fazer a lição de casa, como qualquer outra moça da família.

*

É natural que Annette, com o passar dos anos, sentisse que tinha uma dívida de gratidão com Mercado e Sultana. Contudo, como bom jurista imerso no Talmud, Mercado julgava que a gratidão devia ter um limite. Durante os anos que Annette passou junto a eles, meu avô nunca deixou de vigiar suas frequentações: só podia sair com rapazes que tivessem sido apresentados à família. Tinham que vir buscar Annette no apartamento e acompanhá-la de volta até a porta do prédio.

Quando Annette conheceu um professor primário bretão, dono de uma casa em Messac, em Ille-et-Vilaine, que acabara de ser nomeado diretor de uma escola em Redon (ou talvez de um curso supletivo?), Mercado julgou que chegara a hora de Annette se casar. O diretor de escola era mais velho, porém agradava tanto a Annette como a Mercado.

Mas Annette estabeleceu condições: ficaria muito feliz em se casar com o diretor de escola, contanto que pudesse continuar a cuidar do casal Cohen. Como conciliar as coisas? Muito simples, aos olhos de Annette: ela iria ao encontro do marido na Bretanha cada vez que pudesse e quisesse — férias de verão, festas, fins de semana prolongados. Quanto ao resto, não mudaria em nada os seus hábitos. Annette foi inflexível: era pegar ou largar. Mercado e o diretor de escola tiveram de se curvar.

*

Até chegar à França, Mercado tocara um negócio de apetrechos de costura no lugarejo de Dağhamam. Vendia fios, agulhas, dedais, botões, zíperes e tesouras, mas não tecidos, que teriam exigido investimentos mais vultosos. Roger, o caçula dos irmãos Cohen, recordava que a família sempre sonhava em fazer um piquenique nas ilhas dos Príncipes, a cerca de meia hora de barco de Istambul, na entrada do mar de Mármara. A maior das quatro ilhas, na qual Trótski viveu seus primeiros anos de exílio, chama-se Büyükada em turco, Prinkipo em grego. Os rendimentos de Mercado jamais lhe permitiram oferecer uma viagem assim a uma família de seis pessoas.

*

Educado pelos irmãos maristas da Imaculada Conceição, no lugarejo de Selamcise, não longe de Dağhamam, Roger recordava que, certa noite, estava fazendo a lição de casa quando um incêndio irrompeu não muito longe da escola: ele se abalou rumo a Selamcise junto com um amigo. Os dois meninos fizeram o que puderam para ajudar as vítimas a salvar alguns objetos. Era um lugarejo tradicional, com velhas casas de madeira. Fazia três meses que não chovia, e os bombeiros encontraram as cisternas vazias.

Por fim, os meninos olham para trás. Uma alta coluna de fumaça eleva-se diante deles: o incêndio propagara-se até Dağhamam. Os dois voltam sobre seus próprios passos e encontram suas casas em chamas. Sultana e Mercado pelejam para arrastar um grande colchão para longe do fogo. É tudo o que chegam a salvar, há muito que a loja de aviamentos virou fumaça.

*

Quando alguém evocava diante deles a deportação de seus pais, coisa que não fazia parte dos hábitos da família (bastava um rápido olhar para os dois retratos sobre a cômoda, na sala de jantar, para que tudo estivesse dito), os rostos de David e Roger fechavam-se instantaneamente. Os dois tinham o mesmo tique de cerrar as mandíbulas em caso de contrariedade: dava para ver como os músculos da face se crispavam. O olhar deles se endurecia e, por pudor, se desviava. Ninguém nunca igualou, a seus olhos, a retidão cortante do pai ou a doçura da mãe. A menor injustiça com eles pareceria um crime imperdoável, e as circunstâncias da morte do casal suscitaram sempre uma dor, uma raiva, uma cólera tão exasperadas que os deixavam mudos e prostrados. Para eles, não havia dúvida de que a humanidade inteira era culpada. Contudo, nunca disseram nada dessa ordem e seguiram sendo os dois homens mais doces e mais pacíficos do mundo.

*

Diante da foto de Mercado reproduzida neste livro, sempre pensei que uma tal gravidade não tinha nada a ver com o ar sério de um homem dedicado aos estudos. Sempre julguei ler nesse rosto uma desilusão fria, sem apelação. Contra toda a lógica, ela parece conter a premonição de todos os desastres, e esse olhar até hoje me provoca arrepios. Sobre a cômoda do bulevar de Courcelles, a foto também suscitou durante décadas uma outra questão: teria eu afinal escapado entre as malhas da rede se, muitos anos antes da guerra, Mercado não tivesse decidido rematricular Annette na escola?

Em 14 de agosto de 1943, quando a polícia irrompeu no apartamento, estávamos, Annette e eu, no parque Monceau. A zeladora nos vira sair e vira a polícia entrar. Não tardaríamos a voltar do parque: a zeladora plantou-se diante da entrada do prédio para nos impedir o acesso. Tampouco queria que ficássemos ali à beira. Foi portanto da calçada oposta que vimos minha família subir num caminhão. Compreendemos muito bem o gesto discreto de Marie que, pelas costas dos policiais e à maneira da zeladora, incitava-nos a tomar distância.

A porta do apartamento fora lacrada. Annette saíra sem papéis, sem dinheiro e sem a caderneta de endereços. Passamos duas ou três noites no metrô, ficando para trás depois da passagem do último trem, como faziam tantos parisienses procurados pela Gestapo. Durante o dia, imagino que a zeladora nos desse de comer. Juntando os pontos e fiando-se nas suas poucas lembranças, Annette encontrou o senhor Petitcolin, um amigo da família. Tinha reputação de ser um homem enérgico e avisado. Talvez já nos tivesse feito alguns favores. O senhor Petitcolin recomendou a Annette que fosse à delegacia e contasse tudo que acontecera, omitindo-se porém a meu respeito. Assim lhe dariam um salvo-conduto para poder se reencontrar com o marido na Bretanha. O senhor Petitcolin, por sua vez, iria comigo ao seu encontro, em Messac, tão logo encontrasse meio de me fazer viajar sob falsa identidade.

O senhor Petitcolin não teve outra saída senão me inscrever em sua caderneta de família, subornando um funcionário da prefeitura ou pagando um falsário. Isso tudo deve ter exigido algumas semanas. Lembro bem do frango frio que devorei no trem rumo à Bretanha. Os olhos de inveja dos outros passageiros ficaram igualmente bem gravados. Depois da guerra, eu revi com frequência o senhor Petitcolin, o bastante para compreender que, naquela época das batidas e das proibições policiais, nossos documentos em boa ordem e o luxo daquele frango assado, brandido sob o nariz dos passageiros e dos controladores, franceses ou alemães, equivaliam a uma dupla afronta. Nunca soube o primeiro nome do senhor Petitcolin, ou talvez eu o tenha esquecido, e o sobrenome, sem o "senhor" que foi sempre de regra na minha família, ainda hoje me dói no ouvido.

Na casa de Annette, começava para mim uma vida de criança escondida. Teria sido anormal que eu fosse a única criança em Messac a não ir ao catecismo. Durante o dia, acharam melhor que eu cuidasse das vacas de uma vizinha, em vez de ir à escola, onde eu teria despertado curiosidade demais. Ao esconder consigo um menino judeu e ao impô-lo a seu marido, Annette não podia deixar de ter em mente a injunção muda de Mercado, que ao menos dessa vez não teria perdoado que ela não viesse em seu socorro. E certamente Annette também recordava as boas gargalhadas que dava com Marie, na cozinha do bulevar de Courcelles.

Annette morreu pouco depois da guerra, possivelmente de um câncer fulminante. Seu marido também faleceu prematuramente. Não revi nenhum dos dois, e minha família também não.

Joseph Cohen

Nascido em 10 de agosto de 1895, em Istambul.
Comboio nº 59, 2 de setembro de 1943.

O mais velho dos quatro irmãos Cohen, Joseph sempre fez as vezes de chefe de família. Não teve tempo de se casar, e sua vida é de causar vertigem.

Terminado o liceu francês de Galatasaray e cumpridas as obrigações militares, ele se pergunta, como muitos homens de sua geração, que futuro o espera às margens do Bósforo: a Turquia está sempre em guerra. Primeiro contra a Itália, por conta da Cirenaica, depois contra a Grécia, Montenegro, a Sérvia e a Bulgária. Em 1914, o país se põe ao lado dos alemães e bombardeia o litoral russo do mar Negro. Para um judeu francófono, é dilacerante não ver seu país junto aos Aliados. Não bastasse isso, a revolução dos Jovens Turcos impõe às empresas de Istambul que pelo menos cinquenta por cento de seus funcionários sejam turcos. Não é injusto, em si mesmo, mas a cidade é uma grande metrópole cosmopolita, e as minorias representam pelo menos metade da população. Tradicionalmente, pois, as empresas são turcas, gregas, armênias, russas, francesas, alemãs ou judias, do diretor ao faxineiro. Mesmo os últimos sultões, por obra de sucessivas uniões com belas georgianas, são tão loiros quanto os últimos Romanov. Não é por acaso que, em 1923, Atatürk instala a capital da nova Turquia em Ancara. Se são jovens e não têm filhos, os homens das minorias de Istambul preferem fazer as malas.

*

Em 1914, tão logo é declarada a guerra, Joseph parte para a Inglaterra. Mora numa casa de família, em regime de pensão, e consegue um emprego numa fábrica de armas. Tem dezenove anos e já tomou seu partido. Além do inglês, aprende a se vestir como um *gentleman* e a ler o *Times*. Seus irmãos recordam que, toda semana até 1940, como quem cumpre um ritual, ele devorará também as cento e vinte páginas do suplemento semanal do *Observer*, um jornal de esquerda.

Terminada a Grande Guerra, Joseph volta a Istambul e trabalha por algum tempo numa fábrica judia que produzia porcelana. O fundador ficara tão impressionado com o empregado — contava o caçula dos irmãos Cohen —, que lhe dava passagem sempre que os dois se viam diante de uma porta. Foi então que eclodiu a guerra greco-turca. Uma firma de Antuérpia, M. H. Salti & Filhos, especializada no comércio de diamantes e pedras preciosas, busca um representante para as Índias Holandesas: Joseph abandona a porcelana e embarca rumo a Java. Em Antuérpia, vende joias prontas e pedras talhadas a famílias principescas; nas Índias Holandesas, produtoras de diamantes, adquire pedras brutas no mercado local.

*

Cartas e postais à família chegam a intervalos regulares. Uma prima contou noventa e uma cartas enviadas por Joseph a Sultana, a Mercado e aos irmãos entre 1920 e 1923. Muitas outras devem ter se perdido. Os postais são endereçados a "meus queridos" ou a "meu irmão querido" e redigidos em francês, em ladino e às vezes em inglês. Aos pais, que continuam a viver magramente em Dağhamam, Joseph explica: "Quando voltar, meu único desejo é poder lhes dar tudo o que dita meu coração". O estilo é castiço demais para que não se note a influência das escolas cristãs e do liceu francês.

Quanto ao ladino, que ele utiliza o mais das vezes, Joseph escreve-o indiferentemente em caracteres hebraicos, como por séculos fizeram os judeus otomanos, ou valendo-se do alfabeto latino, introduzido por Atatürk. Sob a pluma de Joseph, o espanhol arcaico de Isabel, a Católica, se reveste de todas as convenções fonéticas e ortográficas adotadas pela Turquia moderna: numa encruzilhada de civilizações, nada pode ser simples.

Às vezes, uma foto mostra Joseph sozinho numa praia imensa, margeada pela selva escura ou por altas falésias. Numa dessas fotos, não é difícil imaginar uma boa ventania, pois as calças parecem coladas às pernas e Joseph tem que segurar o chapéu. Em outras, ele aparece a cavalo ou a bordo de um conversível. Traja um terno branco, com um lencinho no bolso, sapatos brancos e um chapéu-panamá. Frequentemente, os postais representam os hotéis onde ele se instala em Surabaya, Batávia (a futura Jacarta), Tosari, Semarang, Bandung, Borobudur, Malang. Por vezes, uma flechinha indica o bangalô de teto de palha de onde Joseph escreve. Num postal enviado a Jacques do grande hotel de Djokja, ele explica: "É aqui que agora vou me deitar, com votos de felicidade para todos os meus queridos". Aplicado aos pais e aos irmãos, o termo *chéri* pode parecer surpreendente. Na época, era de uso corrente na Turquia e, vindo de Joseph, é testemunha de afeição e ternura indefectíveis. Em sua correspondência, Joseph não cansa de repetir o quanto sente falta de sua família.

*

Em 1924, Joseph tem vinte e oito anos. Economizou o bastante para realizar o sonho de se estabelecer na França. Deixa Java e, uma vez em Marselha, pega o primeiro trem para Paris, levando nos bolsos do colete branco algumas pedras preciosas que representam todas as suas economias. Aluga em seguida um apartamento de cinco cômodos na rua Delambre, número 1, primeiro andar, diante da *brasserie* Le Dôme. Seu plano é trazer o mais rápido possível seus pais e seus irmãos.

Mal chegado à capital, conhece uma profissional da *lingerie*, e os dois decidem criar um ateliê na rua des Petits-Champs. Os sócios contratam costureiras e abrem uma loja numa nova galeria comercial, Arcades du Lido, na avenida dos Champs-Élysées, número 78. Venderão ali sua produção. Joseph providencia uma decoração *modern style* em madeira escura, de um chique que causa sensação. Mistinguett é uma das primeiras clientes. Ela autografa uma foto, que sem demora é pendurada na parede. As celebridades não são necessariamente o trunfo que se imagina: os assistentes das vedetes costumam receber mais cachês que faturas, e as estrelas se zangam quando lhes pedem para acertar as contas. Mas o ateliê da rua des Petits-Champs produz maravilhas, a renda Racine está na moda, e as encomendas afluem, em especial as da Honora, uma loja de luxo do *faubourg* Saint-Honoré.

Um ano depois da abertura do ateliê da rua des Petits-Champs, Joseph sente-se seguro o bastante para trazer os pais e os irmãos. Estes últimos podem se associar a seus negócios ou contar com sua ajuda, caso prefiram voar com as próprias asas. Nesse meio-tempo, há quartos livres para todos na rua Delambre. A fim de ajudar a mãe, os irmãos Cohen se especializam. À noite, voltando do trabalho, um se encarrega de comprar frutas e legumes, outro, a carne ou o peixe, um terceiro, o pão, o último, as bebidas e o que mais faltasse. Reconstituída a célula familiar, irmãos e pais estão felizes. Nas fotos, eles se seguram pelos ombros ou se abraçam, sorrindo para a câmera. Como a rua Delambre é barulhenta demais, Joseph aluga um grande apartamento no bulevar de Courcelles e transfere toda a família para um prédio da época de Haussmann, bem diante do parque Monceau. Pela primeira vez na história da família Cohen, o futuro parece luminoso.

*

Joseph é alto e corpulento. Como seus três irmãos, está sempre aprumadíssimo nas fotos: terno completo, gravata ajustada e ligeiramente bufante, lencinho no bolso, sapatos *oxford* pretos, relógio de corrente, cabelos com brilhantina. Encarapitado em seus ombros, eu tocava no alto dos armários.
Durante o verão, Joseph secava a testa com um grande lenço branco, de iniciais bordadas. Como muitos homens da época, toda manhã vertia algumas gotas de água-de-colônia no lenço limpo que retirava de uma caixa coberta com um pano quadriculado. Quando Joseph me pegava no colo, o cheiro dessa água-de-colônia me deixava encantado. No bulevar de Courcelles, Joseph era o primeiro a desdobrar seu vasto lenço quando eu me sujava. Segurava-o por um dos cantos e o desdobrava de um só gesto, à maneira dos prestidigitadores. Eu me lembro da carícia perfumada do algodão fino sobre meu rosto.

*

Como sua mãe Sultana, Joseph sofria com o calor. Mesmo assim, e mesmo no auge do verão, teria julgado indigno tirar o colete, e o rastro de água-de-colônia que ele deixava por onde passasse era mais forte quanto mais calor fizesse. Nas minhas lembranças, a água-de-colônia de Jacques distinguia-se pela persistência. Ora, os quatro irmãos Cohen supostamente usavam a mesma água-de-colônia, a julgar pelo que afirmava minha tia (ver *Jacques*). Por anos a fio, esse detalhe minúsculo me perturbou o bastante para que persistisse em mim alguma dúvida quanto à marca utilizada pelos irmãos Cohen.

*

Foi preciso esperar até 2006 para esclarecer o mistério. A cidade de Bernay, no Eure, organizava uma exposição em homenagem ao poeta Paul Celan e a sua mulher, a artista Gisèle Celan-Lestrange, que eram donos de uma casa em Moisville, um lugarejo vizinho que o casal rebatizara como Moïseville.

    Antes de pegar a estrada de volta a Paris, minha mulher e eu exploramos o lugarejo. Uma grande empresa de perfumaria mantém fábricas em Bernay desde sua fundação, em 1862. Um pequeno museu refaz a história da marca. Veem-se ali, em particular, todos os frascos já utilizados pela firma desde as origens.

    Foi nesses frascos que reconheci as iniciais entrelaçadas da marca. Nas minhas lembranças, essas duas letras estavam ligadas ao banheiro do bulevar de Courcelles, onde o tio Joseph tirava seus lenços da caixa recoberta com um pano quadriculado, guardada no interior do armário de roupa branca. Essas iniciais me impressionavam muito, até porque eu começava a distinguir as letras do alfabeto. O museu vendia réplicas dos frascos antigos?

    "Não", responderam-me. Mas eu podia procurar nas perfumarias de Bernay. Talvez ainda encontrasse algum resto de estoque. A busca foi em vão, mas nada me impedia de comprar a água-de-colônia que fizera o sucesso da empresa, uma fórmula aperfeiçoada por Jean-Marie Farina em 1806 e retomada, quando de sua fundação, pela firma de Bernay.

    Essa receita, por sua vez, era muito próxima da água-de-colônia criada em 1709 na cidade alemã epônima por Giovanni Maria Farina, um ancestral originário de Santa Maria Maggiore, no Piemonte, que acabara de imigrar para as margens do Reno. Com a concordância dos descendentes renanos de Giovanni, não havia nenhum inconveniente em se fabricar na França, e sob o prenome afrancesado de Jean-Marie, um perfume que se espalharia pela Europa inteira sob o nome de *eau de Cologne*.

*

Até hoje as fórmulas dos dois Farina continuam secretas, mas o mameluco Ali, que acompanhava Napoleão desde 1798 e que, por fidelidade, embarcou com ele rumo a Santa Helena, criou sua própria água-de-colônia, para uso exclusivo do imperador. Na época, usavam-se apenas essências naturais, e o nariz de Ali era apuradíssimo. Há, pois, boas razões para pensar que seu perfume é muito próximo da água-de-colônia original, da qual, de resto, havia inúmeras falsificações.

O escritor Jean-Paul Kauffmann encontrou a fórmula de Ali: "Essência de limão, de cidra, de bergamota e de alecrim". A um pedido seu, a Osmoteca de Versalhes, que ressuscita perfumes desaparecidos, reproduziu a receita do mameluco Ali. Jean-Paul Kauffmann projetava fazer uma viagem a Santa Helena por conta de um livro, *A câmara escura de Longwood*. Munido do precioso frasco, decidiu não abri-lo senão no banheiro do imperador, diante da grande cuba de cobre que servia de banheira. Durante cento e setenta anos, ninguém em Longwood pudera imaginar por um único instante o cheiro da loção com que Napoleão se aspergia. "Os cheiros foram feitos para ressuscitar lembranças desaparecidas", anota Jean-Paul Kauffmann, ao fim de sua estranha experiência olfativa. Ele acrescenta: "Um cheiro, um perfume têm, como um vinho, o poder de abolir a ideia de um tempo único e absoluto, o poder de fazer viver um eterno presente".

*

Além dos frascos, uma das pequenas diferenças entre a água-de-colônia fabricada à margem do Reno e a produzida em Bernay tem a ver, justamente, com a maior persistência desta última. Ou seja, minha tia tinha razão ao evocar a água-de-colônia do meu pai. Mas agora eu sabia que a colônia fabricada em Bernay não era uma pista falsa. Um dia, apontei essa contradição à minha tia. Ela estava mesmo tão segura quanto dizia estar? A resposta foi imediata:

— Quando não encontravam a primeira marca, Joseph e o seu pai compravam da segunda!

Posso então dizer, sem equívoco possível, qual era o perfume de Joseph em 14 de agosto de 1943, no bulevar de Courcelles, quando ele me pegou no colo pela última vez, antes de ser detido pela polícia francesa.

*

Essas descobertas olfativas tinham um corolário. Os figurões nazistas também não usavam a água-de-colônia fabricada à beira do Reno, a mesma que Jacques usava com mais frequência? Durante anos, a resposta me pareceu taxativa. Eu me dizia que os perfumes atravessam o tempo em perfeita inocência. Conforme a história pessoal em jogo, eles podem recordar tudo ou nada, isto ou aquilo. Podem ser fonte de prazer ou de dor. Podem ser fonte de prazer e dor ao mesmo tempo.

Era ingenuidade minha. Um encontro veio dissipar o espectro do uniforme negro dos ss nos quais eu teria podido, em criança, reconhecer o cheiro de Jacques. Em 2004, conheci o *marchand* alemão Castor Seibel. Seibel frequentou por muito tempo personalidades tão diversas quanto Jean Paulhan, Leonor Fini, Francis Ponge, Marcel Jouhandeau e Madeleine Malraux. Escreveu sobre a pintura de Jean Fautrier e se correspondeu com Ponge.

Certa noite, na casa de amigos comuns, desviei a conversa para o tema das águas-de-colônia. Castor Seibel é homem de cultura e curiosidade amplas, está em seu elemento tanto em Paris como na Alemanha, e talvez seja a única pessoa do mundo a não achar ridícula uma pergunta sobre as preferências dos nazistas em matéria de perfumes. Eles apreciavam, por exemplo, a água-de-colônia fabricada na grande cidade renana? Resposta sem apelação de Seibel:

— Com certeza não. Era tudo o que eles mais detestavam. A *Echt Kölnisch Wasser* era um dos símbolos da velha Alemanha e da República de Weimar. Eles queriam fazer terra arrasada de tudo isso. A Gestapo e a ss gostavam exclusivamente de perfumes violentos, inebriantes, que deixassem um rastro persistente. Achavam que os perfumes fortes eram sinônimo de virilidade. Adoravam Couro da Rússia, por exemplo.

O Couro da Rússia era um perfume originário da Ucrânia. Os cavaleiros cossacos sabiam desde sempre que um galho verde de bétula, descascado e esfregado ainda úmido contra o couro de uma bota, exalava um perfume tenaz e inebriante.

Rebecca Chaki

Nascida em 13 de abril de 1875, em Istambul.
Comboio nº 59, 2 de setembro de 1943.

Em Paris, ela sempre morou na casa de Mercado, seu primo em primeiro grau, e Sultana. Não restam dela mais que três ou quatro fotos, e ninguém sabe quase nada de sua vida, salvo que ficou viúva muito jovem, não tinha recursos e não teve filhos. As fotos mostram um rosto anguloso, ingrato, e mãos nodosas sobre uma ampla saia preta. Em troca da casa e da comida, é de imaginar que ela se sentisse obrigada à maior discrição, não intervindo de modo nenhum na vida dos Cohen. No apartamento dos meus avós, eu a via sempre furtivamente, quase que à revelia, no instante em que uma porta se fechava. Não lembro de muito mais que o roçar de suas amplas saias negras na penumbra. Cinco anos mais velha, minha avó usava saias retas, na altura da panturrilha — e já havia bom tempo, a julgar pelas fotos de família. Fora esse fru-fru de outra época, não resta nada de Rebecca.

Pode até ser que a foto reproduzida aqui não represente Rebecca. Mercado tinha uma irmã, Suzanne. Também viúva desde muito jovem, ela morava, como Rebecca, na casa do irmão e da cunhada. Em sua correspondência, os irmãos Cohen evocam-na como "querida titia". Suzanne morreu pouco antes da guerra. Minhas lembranças não vão tão longe. O fru-fru na penumbra é, portanto, o das saias de Rebecca. Mas a foto reproduzida aqui tem boas chances de ser a de Suzanne.

David Salem

Nascido em 29 de abril de 1908, em Constantinopla.
Comboio nº 75, 30 de maio de 1944.

Sete anos mais velho que ela, é o mais jovem dos irmãos de Marie. Não o conheci. Quem lembra alguma coisa de David não conhece as circunstâncias de sua morte, e quem as conhece não as repete de bom grado.

Detido junto com a esposa Perla em Béziers, onde haviam fundado uma pequena tecelagem, foi deportado com ela no mesmo comboio, quando já era iminente o desembarque aliado na Normandia. Ambos selecionados para o trabalho, David e Perla foram separados na rampa da estação de Birkenau. David não suportava ficar sem notícias da esposa, aprisionada, ao que parece, a poucas centenas de metros. Não devia ter noção do lugar de onde tentou fugir para se reunir a ela. Morreu na cerca eletrificada de arame farpado, sob os olhos dos prisioneiros que tentavam contê-lo. Para que sua morte servisse de lição aos recém-chegados, os ss penduraram o cadáver no meio do caminho por onde passavam, de manhã e à noite, os deportados que iam e voltavam do trabalho. O corpo ficou pendurado por vários dias, talvez por mais tempo. Pensando menos em sua morte que nas ilusões que não tivera o tempo de perder, os prisioneiros falavam dele como "o pobrezinho do David". Nenhum dos sobreviventes da evacuação do campo, em janeiro de 1945, pouco antes da liberação pelo Exército Vermelho, jamais esqueceu o corpo do "pobrezinho do David" balançando sobre suas cabeças. David tinha 36 anos.

*

Por muitos anos, eu revia Perla sempre que ela passava por Paris. Depois da Liberação, ela passou cinco anos num sanatório, antes de voltar a morar em Béziers. Não voltou a se casar e dizia que só se sentia à vontade num pequeno círculo de antigos deportados. "Não precisamos falar para nos entender", dizia ela, e é verdade que, fora da família, muitas vezes eu sentia vergonha da ignorância das pessoas que lhe faziam perguntas.

O comboio nº 75 levava mil e quatro pessoas. Em 1945, Perla era uma entre os oitenta e cinco sobreviventes. Ela nunca mencionou as circunstâncias da morte de David e, sempre que não estava entre os seus, baixava as mangas da camisa para não ter de se explicar quanto ao número tatuado em seu antebraço. Um dia, porém, a sós com ela, fiz alusão ao que acabara de ler num livro sobre a morte de seu marido. Eu era muito jovem e a resposta de Perla me marcou. Acho que ela buscava me poupar, sem contudo trair a realidade: "Então você sabe, como eu, que David teve uma bela morte".

Documentos

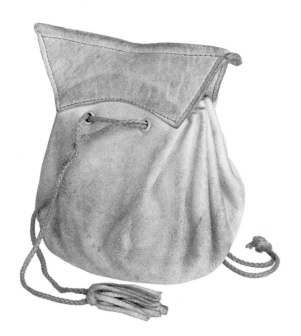

Agradecimentos

O autor agradece calorosamente a Laurence Carraud-Cohen, Suzy Cohen, Claudine Cohen, Françoise Eisenbeth, Claude e Nadia Colin, Ninette Fleury, Aimée Lévi-de Botton, Victoire Namer, Suzon Missistrano, Micheline Salem, Suzy Molho e Vicky Ojalvo por objetos, fotos, detalhes, documentos, episódios e datas que me presentearam, comunicaram ou precisaram. O autor saúda com a mais profunda gratidão a memória de Emmanuel e Lily Salem.

SOBRE A COLEÇÃO

Fábula: do verbo latino *fari*, "falar", como a sugerir que a fabulação é extensão natural da fala e, assim, tão elementar, diversa e escapadiça quanto esta; donde também falatório, rumor, diz que diz, mas também enredo, trama completa do que se tem para contar (*acta est fabula*, diziam mais uma vez os latinos, para pôr fim a uma encenação teatral); "narração inventada e composta de sucessos que nem são verdadeiros, nem verossímeis, mas com curiosa novidade admiráveis", define o padre Bluteau em seu *Vocabulário português e latino*; história para a infância, fora da medida da verdade, mas também história de deuses, heróis, gigantes, grei desmedida por definição; história sobre animais, para boi dormir, mas mesmo então todo cuidado é pouco, pois há sempre um lobo escondido (*lupus in fabula*) e, na verdade, "é de ti que trata a fábula", como adverte Horácio; patranha, prodígio, patrimônio; conto de intenção moral, mentira deslavada ou quem sabe apenas "mentirada gentil do que me falta", suspira Mário de Andrade em "Louvação da tarde"; início, como quer Valéry ao dizer, em diapasão bíblico, que "no início era a fábula"; ou destino, como quer Cortázar ao insinuar, no *Jogo da amarelinha*, que "tudo é escritura, quer dizer, fábula"; fábula dos poetas, das crianças, dos antigos, mas também dos filósofos, como sabe o Descartes do *Discurso do método* ("uma fábula") ou o Descartes do retrato que lhe pinta J. B. Weenix em 1647, segurando um calhamaço onde se entrelê um espantoso *Mundus est fabula*; ficção, não ficção e assim infinitamente; prosa, poesia, pensamento.

PROJETO EDITORIAL Samuel Titan Jr. / PROJETO GRAFICO Raul Loureiro

SOBRE O AUTOR

Marcel Cohen nasceu em 1937, em Asnières-sur-Seine, nos arredores de Paris. Filho de judeus turcos, perdeu boa parte da família durante o Holocausto. Jornalista de formação, trabalhou em várias partes do mundo para a imprensa francesa. Seu primeiro livro, o romance *Galpa*, foi lançado em 1969, seguido de títulos como **Murs** (1979), *Miroirs* (1980), *Le Grand Paon-de-nuit* (1990) e *Assassinat d'un garde* (1998). Em 2002, deu início à trilogia *Faits* (2002-2010), de prosa brevíssima, quase aforística. Em 2013, publicou este *Sur la scène intérieure*, vencedor do prêmio Wepler. No mesmo ano, recebeu também o prêmio Jean Arp pelo conjunto de sua obra. Marcel Cohen vive em Paris.

SOBRE O TRADUTOR

Samuel Titan Jr. nasceu em Belém, em 1970. Estudou filosofia na Universidade de São Paulo, onde leciona Teoria Literária e Literatura Comparada desde 2005. Editor e tradutor, organizou com Davi Arrigucci Jr. uma antologia de Erich Auerbach (*Ensaios de literatura ocidental*, 2007) e assinou versões para o português de autores como Adolfo Bioy Casares (*A invenção de Morel*, 2006), Gustave Flaubert (*Três contos*, 2004, em colaboração com Milton Hatoum), Voltaire (*Cândido ou o otimismo*, 2013) e Prosper Mérimée (*Carmen*, 2015).

A cena interior. Fatos, São Paulo, Editora 34, 2021 TÍTULO ORIGINAL *Sur la scène intérieure. Faits*, Paris, Gallimard, 2013 © Marcel Cohen, 2013 EDIÇÃO ORIGINAL © Gallimard, 2013 TRADUÇÃO © Samuel Titan Jr. PREPARAÇÃO Flávio Cintra do Amaral REVISÃO Nina Schipper, Beatriz de Freitas Moreira PROJETO GRÁFICO Raul Loureiro IMAGENS © Alain Eli ESTA EDIÇÃO © Editora 34 Ltda., São Paulo; 1ª edição, 2017, 1ª reimpressão, 2021. A reprodução de qualquer folha deste livro é ilegal e configura apropriação indevida dos direitos intelectuais e patrimoniais do autor. A grafia foi atualizada segundo o Acordo Ortográfico da Língua Portuguesa de 1990, que entrou em vigor no Brasil em 2009.

Os editores agradecem a colaboração de Mustafa Göktepe.

Cet ouvrage, publié dans le cadre du Programme d'Aide à la Publication 2016 Carlos Drummond de Andrade de l'Institut Français du Brésil, bénéficie du soutien du Ministère des affaires étrangères et du développement international.

Este livro, publicado no âmbito do Programa de Apoio à Publicação 2016 Carlos Drummond de Andrade do Instituto Francês do Brasil, contou com o apoio do Ministério francês das relações exteriores e do desenvolvimento internacional.

cip — Brasil. Catalogação-na-Fonte
(Sindicato Nacional dos Editores de Livros, rj, Brasil)

Cohen, Marcel, 1937
A cena interior. Fatos / Marcel Cohen;
tradução de Samuel Titan Jr. — São Paulo:
Editora 34, 2017 (1ª edição), 2021 (1ª reimpressão).
152 p. (Coleção Fábula)

Tradução de: Sur la scène intérieure

isbn 978-85-7326-654-2

1. Narrativa francesa. 1. Titan Jr., Samuel.
11. Título. 111. Série.

cdd-843

tipologia Garamond papel Pólen Soft 80 g/m²
impressão Edições Loyola, em maio de 2021 tiragem 2 000

EDITORA 34
Editora 34 Ltda. Rua Hungria, 592
Jardim Europa CEP 01455-000
São Paulo — SP Brasil
Tel/Fax (11) 3811-6777
www.editora34.com.br